行动的经济学

企业家的起点

黄春兴 -著-

浙江人民出版社

图书在版编目（CIP）数据

行动的经济学：企业家的起点 / 黄春兴著. —— 杭州：浙江人民出版社，2025.5. -- ISBN 978-7-213-11883-8

Ⅰ. F0-49

中国国家版本馆CIP数据核字第20253UC219号

浙江省版权局
著作权合同登记章
图字：11-2023-370号

行动的经济学：企业家的起点
XINGDONG DE JINGJIXUE: QIYEJIA DE QIDIAN

黄春兴 著

出版发行：	浙江人民出版社（杭州市环城北路177号 邮编 310006）
	市场部电话：（0571）85061682 85176516
责任编辑：	尚　婧
策划编辑：	陈世明
责任校对：	何培玉
责任印务：	幸天骄
封面设计：	李　一
电脑制版：	北京五书同创文化发展有限公司
印　　刷：	杭州丰源印刷有限公司
开　　本：	880毫米×1230毫米 1/32
印　　张：	8.25
字　　数：	105千字
插　　页：	1
版　　次：	2025年5月第1版
印　　次：	2025年5月第1次印刷
书　　号：	ISBN 978-7-213-11883-8
定　　价：	58.00元

如发现印装质量问题，影响阅读，请与市场部联系调换。

赞 誉

这本书以完整的故事链条，将抽象的经济学理论具体化，使读者能够更直观地理解人的行动的逻辑、市场的运作机制、经济周期的真相和企业家精神的重要性。在当前经济发展放缓、市场环境变得更为不确定的情况下，这本书可以帮助读者更好地理解真实世界的深层逻辑，从而做出更好的决策。

——张维迎　北京大学教授

黄春兴教授凭借深厚的学养，把这本书写得深入浅出，娓娓道来。阅读这本书就像观看电视连续剧一样精彩有趣，不知不觉中掌握经济学的基本框架与原理，走进经济学的殿堂，学会用新的思维方式去思考和把握纷繁复杂的现实世界。

——马国川　资深媒体人、独立学者

　　这本书从人的行动入手，展现了从个体决策到市场运作，再到经济发展与经济周期的经济学理论体系，充分说明了经济学内在于人的行动逻辑，而经济活动是人的行动逻辑的具体展开。这本书所呈现的是活生生的经济学，不仅能够帮助读者理解真实世界的运作，亦为行动者或企业家提供了思想资源与精神鼓舞。经济的发展以及社会的进步，取决于越来越多的人成为行动者或企业家，从这个角度说，这本书具有非凡的意义。

——朱海就　浙江工商大学教授

　　经济学不仅是关于市场与价格的学问，更是关于人的选择与行动的学问。在《行动的经济学：企业家

赞　誉

的起点》这本书中，黄老师通过别出心裁的小说/电视连续剧式写作风格，深入浅出地阐述了经济学的基本原理。与传统的经济学教材不同，这本书的独特之处在于，它不仅仅提供了一套理论框架，更重要的是，它通过引人入胜的故事情节，让读者在轻松愉快的阅读中理解经济学背后的深刻哲理，并引发人们对自身行动的深刻反思。

书中最重要的价值之一，是帮助人们认识到个人行动对市场和社会发展的深远影响。人的行动直接决定了市场的活力，而市场的活力又是整个经济体系正常运转的基石。尤其是，在市场活力的展现中，企业家精神扮演了至关重要的角色。黄老师特别指出，企业家精神不仅仅局限于创业和守业的企业家，它更是一种普遍的内在特质，任何具备目标、做出选择并承担行动后果的个体，都可以在某种程度上体现企业家精神。因此，无论是企业家、创业者还是普通人，只要是日常决策中的行动者，就都是推动市场活力的关键力量。

黄老师还特别强调了"企业家之手"在社会发展中的决定性作用。书中提道："社会要走出困厄，主导权需要交给企业家。"这不仅是对企业家重要性的肯定，也是对市场经济自我调整与创新能力的深刻洞察。对于任何希望在市场经济中占据一席之地的创业者、企业管理者而言，这本书无疑是一本极具价值的指南。它不仅提供了理论框架，更深刻阐明了企业家精神的实践逻辑——在行动中学习、在行动中成长、在行动中创造未来。这里的深远意义还在于，它间接呼吁每一位社会成员都应当理解并保护好企业家的经商环境。保护企业家的活力，不仅仅是企业家个人的责任，更是整个社会的共同责任。每一个普通人的观念和行动，都在潜移默化地影响着社会的经济结构与发展方向。从政策制定者到新闻工作者，从教师到工人、学生、主妇,每个行动者的选择都是社会进步的基石——只有在一个尊重市场规律以及鼓励创新与竞争的环境中,企业家的潜力才能得到充分发挥,从而推动整个社会走向繁荣与进步。

总之,《行动的经济学:企业家的起点》不仅是一本关于经济学原理的读物,更是一本鼓舞人心的实践指南。它启示我们,每个人都是自己行动的主宰,企业家精神是推动社会进步的关键力量。无论你是创业还是在日常生活中寻求更有意义的选择,这本书都为你提供了深刻的思考与宝贵的智慧。

——陈天庸　企业经营者、
上海松江温州商会首任会长

虽然这本书主要是写给创业者和企业家的,但我个人由衷地觉得每个人都应该学习一些经济学。我在大学时期非常幸运地接触到了奥地利学派经济学的理论，推动我毕业之后开始了创业之旅。在市场经济中拼搏了近10年之后，我现在回头来看，在创业的整个过程中，经济学一直在指导着我如何去更好地经营一家企业，如何更好地发现市场需求，如何更好地通过创新来为用户和社会创造价值。经济学的思想是人类社会运转的底层规律，无形的手指导着每个人为了自己生活得更好而去为他人创造价值。经济学讲竞争，但更讲互利。我经常在想，如果每个人都能学点经济学，世界将会更美好。黄春兴老师的这本书值得创业者阅读。学习经济学对企业经营有很大的帮助。对于普通人的日常生活来说，这本书也能够让我们面对职场、事业和人生时更加乐观、豁达、从容。

——鸡侠　野兽生活创始人

做企业几十年来，我一直面临着"德鲁克问题"，即管理层的培养和成长问题。是温文尔雅的黄老师，

赞 誉

给我们这些草根"企业家"传道、授业、解惑,让我接触到了经济学中的企业家精神理论,由此关注到从士君子到企业家的精神传承,注意到张謇、张元济、陈虬、郑观应这一批中国企业家的人格发展。黄老师的新作,用这么短的篇幅,用我们身边的"老陶"和"老姜"的例子,表达了奥地利学派经济学及其企业家理论的精要,正是我们这些草根"企业家"所需要的。深入浅出才是大师风范,谢谢黄老师!

——刘国庆　家电创新落地联盟秘书长

读黄老师的《行动的经济学:企业家的起点》,整体感觉这种图文兼备又有小故事从头串联至结束的方式很新颖。书中的"老姜"就是今天千千万在困惑和迷茫中的创业者,拥有"申公豹"般的感同身受。共情是读者有效连接奥地利学派经济学观点的纽带。《行动的经济学:企业家的起点》重在行动。世间众人所有的行为，其实都源于一个个本心的欲望。只不过有的人是空想或空谈，有的人则想清楚了自己需要什么，有计划、按步骤地实施……有的人会拼至成功，也有的人小富即安而停下前进脚步，还有的人可能会因不同情况而失败，但他们都是"行动"的践行者，都是推动社会进步的力量。"行动"在我看来就如王阳明心学中的"心即理"和"知行合一"，读懂自己内心的需求，配合坚定的行动，谋事在人，成事在天。古人说，说起容易，做起难。经济学是社会发展的基础学科，但因其枯燥乏味而让很多人敬而远之。黄春兴老师用配图小故事的方式，让更多人有兴趣阅读，这是让"经济学"走进普罗大众生活的重要方式，期待老师新书出版！

——陈前　贵州彦臻茶叶创始人

在新年伊始之际有幸提前拜读黄老师的新作《行

赞 誉

动的经济学：企业家的起点》，实属万分荣幸。

黄春兴老师以其深刻的经济学洞察力和富有启发性的教学风格，将复杂的经济学原理生动地呈现给我们。通过这本《行动的经济学：企业家的起点》，他不仅传授了经济学的概念，还帮助我们理解了如何将这些理论应用到实际的创业决策中。书中讨论了每一个决策背后的理性选择，让经济学不再是数字与公式，更与每个人的生活、工作和选择息息相关。

这本书不仅为广大读者讲解了深刻的经济学概念，还将其与实际创业者和企业家的决策过程紧密结合。在书中，老师展示了经济学的基础理论如何在日常生活与商业决策中起到关键作用。特别是书中的"行动与选择"理论，突显了每一个决策背后的责任与理性。

读过《行动的经济学：企业家的起点》，我感受到这本书为我提供了一个非常深刻的视角，帮助我更加理性地审视自己的决策过程。经济学中"选择与行动一体两面"的重要性，对企业家来说尤为关键。在企业经营中，经营者面临的每一个选择都充满了不确定性，如何在纷繁复杂的市场环境中找到最优解，也是这本书倡导的"经济理性"和"行动理性"所带来的启发。培养系统化的思维方式，可以帮助我们在复杂的商业环境中做出更理性的选择。

书中提到的"试错机制"对企业家而言尤为重要。在我的经营过程中，许多成功的经验并非来自一次完美的决策，而是通过不断地尝试、调整和优化。从失败中吸取教训并快速迭代，是企业在不断发展的过程中不可或缺的一部分。正如书中所讲的，虽然失败有时带来挫折，但它能为未来的成功提供宝贵的经验与教训。

这本书不仅是一本经济学入门书，更像一本为企业家提供思维工具和决策参考的指南。它帮助我更清晰地认识到,作为企业家,我们的每一个选择和行动,都在塑造着企业的未来。

最后,感谢黄老师的悉心教诲。这本书为我打开了理解经济学的新视野,促使我思考如何将这些知识应用到自己的行动和决策中。希望通过不断学习与实践,我能够真正理解和运用"行动的经济学",成为更加理性和有远见的决策者。

——尹子豪　武邑三联网络科技有限公司董事长

黄春兴教授的《行动经济学:企业家的起点》是一本经济学科普类著作。他摒弃了经济学家常用的专业术语,用直白的语言,通过故事的形式讲述书中的虚拟人物(老姜)从创业到企业发展壮大以及面临经济衰退如何应对的过程,巧妙地用经济学理论给予了准确的经济学解释。这些理论涵盖了亚当·斯密的分工理论,米塞斯的行动学的目的论,以及门格尔的财货、价值、交换、价格理论，也包含了熊彼特的创新理论和企业家理论，当然还有货币理论和经济周期理论，等等。

这本书有着很强的现实意义。对那些陷入迷茫的人来说，这本书能给他们带来很好的启发，这些启发很有可能让他们成功躲避危机和走出困境。比如书中第九课提及的经济波动和金融杠杆，第十课里的面对萧条的应对之道，等等。

我们常说："凡事要知其然，知其所以然。"对身处经济大潮的我们来说，黄春兴教授的这本书正是这样的书，能让更多的人不用了解高深的经济学知识，也能清楚地知道经济运行的原理，从而在实践中以更高的视角看待经济事务，明白经济政策的后果，抓住机遇和规避风险，为自己、家人创造幸福的生活。

——王睿逵　瓦努阿图史莱克建材有限公司总经理、
江西明正建筑工程咨询事务所原总经理

推荐序

2018年，我曾经为黄春兴教授的一本书《经济学通识课》（2020年出版）写过推荐序，他是合著者之一。彼时我任西贝餐饮集团副总裁，是一名职业经理人。我对企业家的理解，还是书生意气、纸上谈兵。

2020年至今，我所在的行业——餐饮业（本书的主要行业案例）遭遇了前所未有的艰难挑战。

2023年，我离职创业，从事品牌声誉咨询业务。从干爽的高地走进泥泞，我开始了企业家小白的行动之路。全新的角色，也让我重新理解企业和企业家。这一切的心路历程和行动轨迹，恰与本书的行文线索遥相呼应。

黄春兴教授的这本书，打破了传统经济学的讲述方式，从"行动的经济学"这一新颖视角出发，将经济学核心概念直接应用于企业决策。这不是学院派的理论教材，也不是肤浅的商业指南，而是一套清晰的行为框架，帮助企业家在现代经济环境中做出理性选择，从而提升行动效率。本书既可供创业者和企业家随时参阅，又能为普通读者提供理解经济学的创新视角。

我试着对书中一些核心概念谈谈自己的理解。

无行动，不决策

选择与行动乃"一体两面"，不可分割。若无行动的落实，选择不过是空中楼阁；若无明确的选择，行动则易流于盲目。这一洞见阐明了企业家在抉择时应秉持的务实态度。

正如我在危机公关中常对客户所说的，制定一套应急方案固然重要，但更重要的是，能否迅速有效地执行和持续演练。这提醒企业家，不应为了策略而选择策略，任何选择都要配合切实可行的行动。"经济学"绝非仅限于数据与模型，而是关乎每一个企业家和消费者的选择、行动与责任。

战略选择必须预判机会成本

书中以老陶放弃"野莓拌鹅肉"的美味为例，揭示了机会成本在选择中的重要性。对于企业家而言，每项资源的运用，都意味着对其他可能性的放弃。机会成本不仅衡量资源的使用效率，更在于帮助企业家意识到"失去的价值"。

我在品牌咨询中常遇到企业资源配置失当的情况：企业耗费巨资推广，而忽略核心产品的研发和品质提升。这提醒企业家，每一笔投入都要有清晰的回报预期，每一项战略选择都应深思熟虑，避免"捡了芝麻，丢了西瓜"的遗憾。

边际效用会递减，要警惕路径依赖

"边际效用递减"指出，在重复使用相同资源时，边际效用会逐渐减少，甚至产生"负效用"。对于企业家来说，这一法则提醒我们避免对资源、渠道和路径的过度依赖。一套初期效用高的品牌策略，长时间重复使用可能招致消费者的厌烦。一种繁荣期适用的商业模式，在调整期和下行期，可能就会翻覆坍塌。

这一概念在危机公关中同样适用：迅速消解危机的声明或许能够在短期内挽回声誉，但频繁使用会让消费者产生不信任的感觉。企业家应以长远眼光审视每一项投资，以适当的时机调整战略，防止路径依赖带来的效用递减。

追求最大利润是企业家必须遵循的商业规则

利润不仅是财务数字，更是企业家创造价值、赢得市场的关键。追逐利润倒逼企业家增强经营能力，也推动着生产要素向更高生产效率的企业转移。这就要求企业家在追求增长时保持冷静，学会将利润视作战略成果的体现，而非单纯的收入指标。

在当下的经济局势下，很多行业和企业都被迫陷入无序竞争的内卷和低价泛滥。这是企业经营的死结。敢于追求高利润，是企业家对产品和服务自信的体现，也是持续提升经营能力的动力。高营收带来高利润，高利润带来高分红和高收入，随之而来的，就是员工满意度和顾客忠诚度的双重增长。这是良性增长的正向循环。

企业产品创新能力，源于对生产结构的彻底理解

当消费者需求增加时，迂回生产会带动行业分工和产业升级。在从原料到最终消费品的生产链条上，每一级的财货都会发展出独立的市场。任何财货的生产结构都可以向上游或下游拓展。餐饮的半成品，可以成为预制菜。一包调料辣椒，可以成就一家上市公司。拥有万家门店，可以重塑上游产业链。

所以，你既可以看到新能源汽车品牌层出不穷，也可以发现零部件龙头企业；既可以看到茶饮快速消费品千店万店，也可以看到吸管大王和杯子大王。这提醒企业家，创新源于警觉和想象，是对现有财货的无数种组合选择。

从危机公关专家的视角来看，这种链条式的分工与扩展不仅是增长的机会，也可能隐藏着危机。每一级产业链的独立化和市场化，在提升效率和专业化的同时，也增加了风险的扩散性。

一家预制菜企业的食品安全问题，可能迅速蔓延到供应链的上下游，从而冲击品牌形象甚至行业信誉。同样，消费者对新能源汽车品牌的信任崩塌，也可能殃及零部件供应商的声誉。对于企业家而言，这提醒我们，创新驱动的背后需要一套强有力的危机管理机制。只有在快速发展的链条中主动识别潜在风险，设计应急预案，才能在风浪来袭时稳住局面，从而为品牌的长期信誉背书。

企业家能力来自持续行动中的试错

从市场敏锐度和警觉性、创新力到抗压能力，黄春兴教授为企业家描绘了一条能力成长的清晰路径。他强调，企业家能力不是天生的，而是通过"行动中的试错"锻炼而来的。

创业从来没有现成的标准答案。我常告诉客户，成功的品牌战略是动态而非静态的，它不是简单地复制"最佳实践"，而是在深度理解市场、用户和自身定位后做出的独特选择。

品牌塑造就像创业一样，不是一张现成的蓝图，而是一场持续的探索。所谓"南橘北枳"，再成功的品牌策略，放在不同的文化、市场和时间背景下，可能也需要调整甚至重新设计。比如，一个在本土大获成功的品牌理念，可能在出海的国际市场上难以奏效。这不仅是文化差异的问题，更是对消费者需求和市场规律的深刻洞察。

没有现成答案，不代表盲目试错，而是要在行动中找到属于品牌的独特路径。黄春兴教授强调，企业家精神在于预判未来的不确定性，而品牌的成功也依赖于这种洞察能力。每一次试错，都是在为品牌积累认知资产，从而提升洞察力和决策力。这是品牌成长的必由之路，也是品牌顾问在服务过程中必须帮助客户实现的核心价值。

作为顾问，我的使命是协助企业用试错的勇气与理性分析，找到属于自己的市场定位和品牌表达方式。品牌不是一次性塑造的，它是一个动态成长过程。我们要做的，是在每一个市场变化中，把握消费者的情感需求，用品牌与他们建立深层次的连接。在试错中，能力与洞察会像一棵树，不断扎根、成长，最终成就品牌的长青之势。

期待更多的企业家和创业者读读这本小书。希望这本书能在观念上松动传统社会对企业和企业家的种种约束，从而打造"让每件事都有可能成功"的创新环境。这是企业家的责任，也是所有生活在这块土地上的人的义务，包括你和我。

楚学友

友声誉®品牌咨询创始人

西贝餐饮集团前副总裁

前　言

对于我而言，这本书是一个新的挑战。

我写过两本销量不错的经济学教科书，也写过三份时间长达十多个小时的讲座教材，若要再类似地做一次，内容会更加充实和成熟。但这本书的目标略有不同，最开始是要完成一本能制作成十集类似于动漫的经济学入门书，之后则是要在此基础上拓展成一本带插画的经济学教材，两者都具有入门性质，而且除了能面向大众，还特别针对创业者和企业家（其实，按照米塞斯的说法，每个行动的个人都具有企业家精神，而不仅限于创业与守业的人）。因此，本书内容的基础像连续剧剧本：安排主角，以一个故事串起十课的内容，一气呵成。

想到此，立即就有两位知名的漫画主角向我招手——困在荒岛上的鲁滨孙和原住民"星期五"。一百多年来，经济学教材一再地借用笛福的《鲁滨孙漂流记》，讨论一个人如何有效率地利用周围的资源过好日子，又如何与他人展开交易以扩大消费。

经济学家之所以偏爱鲁滨孙和"星期五"的故事，主要是因为经济问题牵涉的环节太过复杂，经济变量交错盘结。经济学家可以在理论上假设"其他条件不变"的前提，隔绝其他经济变量的影响，以便集中探讨两个变量的关系。然而，对于这样简化的假设，读者总会质疑是否太远离现实世界。如果教科书直接讲述鲁滨孙在荒岛的情境，由于大海隔绝了现实世界的各种噪声，这就会在无形中缓和读者的排斥情绪。

一般而言，教科书会先介绍荒岛的生活环境，然后引入几个经济学概念和简单的经济分析。传授这些

前言

内容是经济学教学的基本任务，而经济学家也期待着读者的认同。譬如，美联储前主席伯南克与他人合著的《经济学原理》教科书，第一章就是"像经济学家一样地思考"，他在其中陈述了十种经济学的思维方式。读者在接受这些"指令"之后，会不自觉地跟着作者，以这些思维方式去评估鲁滨孙的选择与行动。读者在这些思维方式下学习经济学，就是学习经济学的概念和分析方法，然后在遇到问题时就可以应用这些概念与分析方法。

在"星期五"出现前，荒岛模型只关心鲁滨孙如何有效率地利用周围的资源。经济学家并非鲁滨孙本人，自然无法获知他真实的行动目标，但对于单独的个人，绝对能以一般化的逻辑探讨其行为模式。这也就是我们常看到的边际效用的概念和最大效用的分析。

在"星期五"出现后，经济学家很自然地就将一个人的选择推进到两个人的交易。譬如，鲁滨孙在海边捕到的一条鱼能够和"星期五"交换几颗椰子？当然，鱼和椰子只是可以一般化的例子。教科书就按照预先安排的教学内容，展开价格理论的各种论述。

然而，在真实的课堂上，可能就会有学生问："鲁滨孙真的有能力捕到鱼吗？"老师会说："设定他拥有某些谋生能力，让他在沦落荒岛前就会捕鱼。"学生可能接着问："他怎么没被'星期五'吃掉？"眼看荒岛模型的推演就要失控了，老师会怎么回答？他也只好先笑笑，然后继续谈交易双赢的概念。

原住民将探险家煮来吃掉是电影里常见的情节。在"星期五"出现后，荒岛模型至少有两种不同的推演可能——交易或被吃掉。我不是故意在硬扯什么。对于这个问题，获得诺贝尔经济学奖的布坎南严肃地点点头，然后说道："难道鲁滨孙不会先奴役'星期五'，强迫他去摘椰子？谁说两个人就会交易？"

前言

  这个想法可不在伯南克提到的十种思维方式之中。鲁滨孙没见过"星期五",怎知道对方会有什么企图?同样,鲁滨孙自己又会起什么念头呢?所以,当"星期五"出现时,我们不要急着应用学到的那些思维方式。我们可以先想想,如果我们是鲁滨孙,那么我们会兴起什么念头?我们又要怎么去实现?还有,为什么一定要让鲁滨孙遇到"星期五",而不是让鲁滨孙去发现海盗的藏宝洞窟?如果模型这样推演,那么我们可以建构出什么样的概念和分析方式?

  以这种思维建构的模型,是朝着发现问题和寻找解法的方向发展的,而不是用于教导现有的概念与分析方法。荒岛模型可以作为发现新思维方法的工具,也可作为传授现有思维方法的范例。很遗憾,当前的教科书并没有让模型继续推演下去,而是很快地又将鲁滨孙留置在荒岛上。

  如果模型继续推演下去,那么我们可以让鲁滨孙成功地制造一艘独木舟，让他发现紧邻的其他小岛。但模型的推演不能让他只是经历一个又一个的小岛，那就只不过是在共通的模式下多举几个范例，而无法展现出制度与文明的累积，也就无法带领读者继续把新的发现累积出更美好的制度与文明。

想到这里，我对这项任务大致有了底稿。可见，这本书必须有一个主角。他的经济活动必须不断地走向更大的社会，而他的关怀也必须从个人行动进展到社会议题。当然，每个进阶都充满着多种可能性，只是要作为教材，我必须陈述其中的一种可能性。读者可以把这本教材看成一个思维的工具，可以去打造不同的社会发展蓝图，也可以去发现可能的新经济概念。

在方向确定之后，我们要做的就是如何找主角和给故事一个起点。经济学的起点是个人的生活，而教材的终点又必须是当今的社会，并保持着对未来的愿

前 言

景。因此,小岛或花果山都不是很适合的选择。鉴于我们的内心埋藏着"隐居"和"出山"两种文化,于是我选定陶渊明(以下简称"老陶")和姜子牙(以下简称"老姜"),让他们构成此本经济学教材的主要人物。

在选定主人公之后,我还要谈一下这本书为何特别面向创业者和守业者。

对于企业家来说,当前情势非常困难。虽然艰难困苦带来了焦虑,但焦虑让我们得以重新思考过去、认清现在,并为未来开创一定程度的自由。自由就是摆脱过去种种加诸自己的影响,然后开拓出新的道路和契机。这条从艰难困苦到自由的道路,许许多多的企业家走过。在30多年前,他们义无反顾地离开国有企业走向创业,或全力将生产大队打造成乡镇企业。在20多年前,他们抓住进入世贸组织的机会,集中产能投向陌生的世界市场。这些企业家以自己的行动,重新形塑社会、改造历史。

传统上，我们已熟悉政府在形塑社会和改造历史方面的能力。但在过去的30年，我们十分肯定地认识到企业家也拥有类似的能力。经由政府之手和企业家之手，时而互助合作，时而轮番推动，我们在经济发展上取得了耀眼的成绩。

在推动经济发展的过程中，政府之手和企业家之手的功能和优势并不相同。简单地说，政府之手以公信力打造社会需要的法治秩序，而企业家之手以不断创新的方式累积社会财富。若深入观察，我们就会发现政府和企业家因为追求的目标不同而展现出不同的行为模式。

政府追求稳定而持续的法治秩序，譬如较低的社会犯罪率和较高的治安破案率，自然要强调能统一调度和相互协调的行为模式。企业家追求指数级增长的社会财富，譬如每年超过6%的经济增长率，其行为模式必须走向不断突破的"创造式破坏"。由于目标与行为模式不相同,这两只手在任何时期都必须有着主与辅的相对角色。在社会风调雨顺下,社会的发展以政府之手为主,以企业家之手为辅。在社会陷入艰难困苦之际,社会的发展就必须以企业家之手为主,以政府之手为辅。

这是为什么呢?我们知道,人类文明是人类在各方面的创新所累积起来的。虽说是"人类的创新",但真相是:每当社会处于困厄停顿时,总有几位俊杰之士能独排众议,以创新的制度和设计克服困难,带领众人走上新的时代。在政治与军事上,这些俊杰之士都是赫赫有名的英雄与帝王;但在较全面的人类文明生活(思想、知识、科技、医学、艺术、器物、商品等)中,他们则是分布在各领域的企业家。因为他们也是人,他们的成就常被称为"人类的创新",而忽略了他们不仅是"个人",而且大多是桀骜不驯、自命不凡的"怪人"。更重要的是，他们必须独排众议。对于这一点，英雄与帝王要做到不难，但没有政治权力的企业家只能在不受干预的环境下，默默地打造自己的创新物，然后说服消费者采纳。("企业家"是广义的词汇，这里仅谈商业企业家。)

企业家自命不凡，有理想与抱负。他们会先去理解当前的商业环境，寻找可以立足与发展的机会。他们如果感觉高墙太多，就会另辟蹊径，努力去开创自己的商业王国。"另辟蹊径"是创新的行动，"开创自己的商业王国"是创新行动的诱因。在市场里，不会有人去理会私人的创业，但在政府部门不是这样的。公务人员必须照章行事，少有人敢"另辟蹊径"。所以，社会要走出困厄，主导权需要交给企业家。

当然，自命不凡的企业家也常犯错。但是，企业家犯错和政府犯错的意义和影响完全不同。政府是以公权力运作的，会强制相关企业依其规定行事。一旦发生错误，其伤害是从企业到消费者，是近乎全面性的。而企业家没有公权力，只能以其产出和声誉去吸引消费者的接纳。当企业家的决策或产品出错时，受伤害的只有接纳他的消费者。因此，伤害不至于是全面性的，更何况企业还得承担赔偿责任。更重要的是，虽然企业的创新会引来少数企业的模仿，但多数企业会思考自己的创新方式。因此，若企业创新失败，那么失败的信息正好可以告诉其他企业如何避免重蹈覆辙。企业创新失败非但不会伤害其他企业，反而能为其他企业减少试错成本。

　　社会之所以陷于艰难，就是因为一时找不到出路。也就是说，我们并不具有先见之明，也没有锦囊妙计。于是，试错机制就成了唯一的选择。政府也可以试错，就如政策试点，但那不仅成本巨大和欠缺诱因，而且只能面临相当有限的机会。与此相对，在一个自由开放的市场，自命不凡的企业家都有可能采取他所相信和坚持的方式去试错。对于企业家的试错，虽然胜者为王，但败者不至于为寇，只要找家企业去上班即可。

企业家对社会和市场还有许多贡献，这里只进行简单讨论：为什么在社会艰难时，我们要以企业家为主导？在面向大众时，这本书特别为正在打拼的企业家而写，也为打算成为企业家的年轻人而写。

这本书很薄，因为企业家既不需要厚重的经济学教科书，也不需要深入分析机理的理论论述，需要的是一本能协助他理解自己行动的小书。

企业家本身就是积极的行动者，当然也是胜者为王的试错者，所以企业家需要的经济学是"行动的经济学"。行动必须有方向、有计划，不宜暴虎冯河、有勇无谋，但也不能按图索骥，毕竟商业环境瞬息万变，不存在预知先机的锦囊妙计。

如果企业家要能理解自己的行动，那么他的行动

前言

必须出自理性。引导行动的理性，就是"经济理性"，并非哲学家所谈论的"高大上"的理性。经济理性仅指：每个人都有独立的意志，有自己想实现的目标，有一套自信能实现目标的计划，还有果敢和审慎的行动。这一串"意志—目标—计划—行动"的过程，就是经济理性的实践，而人们在实践中投入的是资源、资金、时间、情感甚至整个生命。

因此，成功的企业家必然是经济理性的实践者。如果说经济理性是经济学的核心，那么成功的企业家都有能力诉说他所实践的"行动经济学"，不是吗？从巴菲特到乔布斯，甚至是年轻气盛的马斯克，不是每个人都在公开谈论自己的那套"行动经济学"吗？其实，不只是他们，就算是出租车司机，也会边开车边高谈他的"行动经济学"。所以，每个企业家都有他正在实践或曾经实践的"行动经济学"。同时，我们也听过不少成功企业家的"行动经济学"。

这么说，企业家不需要认识经济学吗？如果成功的企业家是这么认为的，那么我的回答是："是的，你幸运地刚好走上'意志—目标—计划—行动'的实践过程，但幸运儿只是少数。大多数人失败了，因为他们在摸索中乱了步伐。"我们为成功的企业家感到高兴，也感谢他们提供了曾经刚好走上经济理性之路而成功的个人经验。然而，这些经验都是个人的经验，也是在个别产业上的经验，几乎不可能成为其他企业家在不同产业上走向成功的秘籍。

不过，他们的成功是真实的，他们的经验也都是发生在经济理性的实践上的。因此，借用大学者哈耶克的话说，这些经验都是"意志—目标—计划—行动"之"行动模式"的个别案例。任何事业的成功都并不存在充分条件，有的最多只是必要条件。这个行动模式便是不同的成功经验所证实过的一项必要条件。

前 言

对于模式，我们可以用武侠小说《九阳真经》来说明。要对付不同派别的武功，《九阳真经》给的不是个别的对应武功招式，而是一句心诀，也就是行动模式。《九阳真经》写道："他强由他强，清风拂山冈；他横任他横，明月照大江。"明确地说，就是只要真气足，心定气神，谨记基本功夫，自能见招拆招。

这本书谈的就是企业家实践经济理性的行动模式。模式可以投射到不同企业家和不同产业，因此，这本小书虽以老陶和老姜为主人公，但他们的身份是一般化的企业家。同样地，书中的故事也是一般化的故事，读者必须透过书中人物的创业过程去审视自己从事的产业。

这本书的故事大概是：老陶从省城辞去工作后归隐山林，在村野生活中遇见老姜，书中讨论了选择、行动、效用、价格、供需等经济学概念；后来，老姜想走出山野去创业,接着是扩店和遭遇商业周期,书中讨论了成本、资本、迂回生产、利率、商业周期等经济学概念。

这本书的故事是连续的。每堂课的故事后面,都添加了"拓展延伸"的内容,这是对前面故事性的内容予以进一步展开与深化。最后两课讨论了企业家在新冠疫情结束又逢全球经济不景气下的应有作为。我国近期对民营经济以及企业家的关注和重视,使得这本书阐述的内容更具有重要和特别的现实意义。

总的来说,这本简短的经济学入门书既可以说是一本将经济学知识与创业实践结合起来的经管书,又可以说是一本现代人关于出世、入世、职业规划、人生选择的心灵之书。

目　录

赞　誉 / 1
推荐序 / 13
前　言 / 23

第一课　经济学的起点

人的行动 / 004
一体两面的选择与行动 / 006
知识影响选项 / 008
确定选择的目标 / 010
构想可执行的手段 / 012
经营自己的选择 / 013

I

个人行动与群体行动 / 015

本课小结 / 016

拓展延伸 / 016

第二课　决策时，你在考虑什么

决策三部曲 / 026

效用与财货 / 029

财货的属性与排序 / 033

生产与工作 / 035

休闲的效用 / 038

本课小结 / 039

拓展延伸 / 040

第三课　交换，扩大了消费选择

理性的决策 / 048

交　换 / 050

机会成本 / 052

市场交易 / 054

目 录

价格的决定 / 057

供需法则 / 058

本课小结 / 060

拓展延伸 / 061

第四课　合作，开启我们的文明

收益与文明 / 070

资源总量 / 071

合　作 / 077

分　工 / 081

本课小结 / 084

拓展延伸 / 085

第五课　竞争与利润

开　店 / 094

竞　争 / 096

异质竞争 / 099

追求利润是规则 / 101

经营能力 / 103

产业结构 / 104

本课小结 / 106

拓展延伸 / 107

第六课　均衡与创新

进　步 / 116

挑战均衡 / 118

创　新 / 121

想象的商业帝国 / 123

本课小结 / 126

拓展延伸 / 127

第七课　市场的生产结构

迂回生产 / 134

财货的生产结构 / 136

市场的生产结构 / 138

企业家守卫市场 / 141

目 录

创造性破坏 / 143

本课结论 / 146

拓展延伸 / 147

第八课　企业家的能力

何去何从 / 152

精致商品 / 154

市场发展与创新 / 158

中年企业家的作为 / 161

年轻的企业家 / 164

本课小结 / 167

拓展延伸 / 169

第九课　经济繁荣时，步步为营

经济指标 / 176

利　率 / 177

经济波动 / 179

金融杠杆 / 181

消费品位 / 183

本课小结 / 187

拓展延伸 / 188

第十课　企业家如何面对萧条

政策困境 / 196

自然利率 / 198

集体犯错 / 199

企业家的应对之道 / 203

本课小结 / 205

拓展延伸 / 206

结　语　明天会更好 / 211

第一课

经济学的起点

第一课　经济学的起点

一、知识点

经济学的定义、选择、行动与责任。

二、特色

以选择为切入点,讨论个人的行动,论述选择与行动的主观性,并探讨经济学的真义。

三、课程逻辑

1.经济学探讨人的行动,依照行动的类别衍生出不同的专业经济学。

2.选择是各经济学分科共同的基础概念。

3.深入讨论选择,提出六项要点。

(1)行动和选择是一体两面。

(2)尽可能找到更多的选项。

(3)选择的机会受到个人知识的限制。

(4)根据理想,确立目标。

(5)构想一套可实现目标的手段。

(6)选择的背后是责任。

人的行动

在知识的分类中,经济学是研究"人的行动"的学问。"人"是指个人,也指人群或人类。我们就以个人作为起点来探讨经济学,因为在讨论个人的行动时,每个人都是直接的亲历者,我们不会感到太陌生。

我们要讨论的是真实个人的行动。这个人,我们就称他"老陶"吧。此时,老陶还是一位30岁出头的年轻人,在一家民营企业担任中层经理。某一天早晨起床后,他先去吃早餐,接着赶去公司,中午时邀请女朋友共进晚餐,想着要如何向女朋友求婚。这是老陶在某一天的各项行动。

如果老陶是一位企业家,那么他在这一天的行动可能是:吃完早餐后,去银行跟理财经理讨论贷款事宜,然后回公司召集干部开会,商议如何买下对手公司;晚上回家后,写篇文章,建议政府放松某些管制。这是作为企业家的老陶在某一天的各项行动。

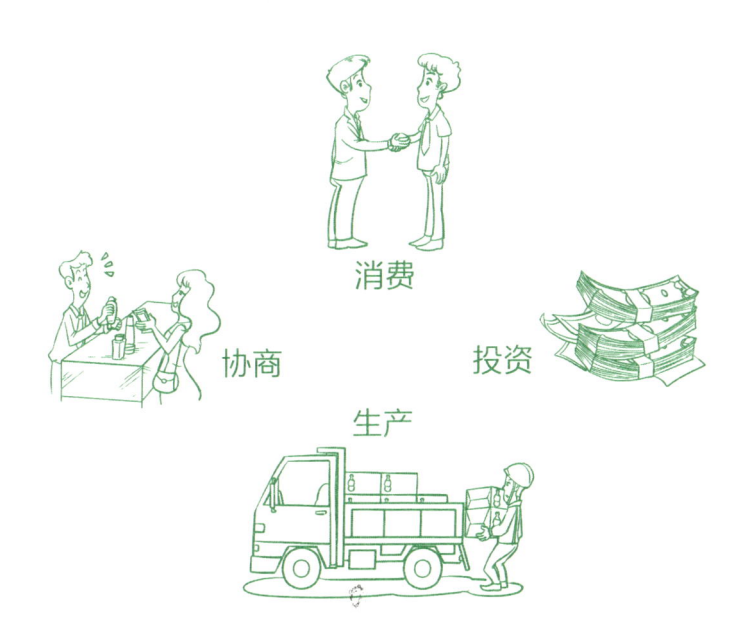

消费

协商

投资

生产

所以，人的行动包罗万象，非常复杂。如果简单分类，人的行动就有消费、协商、投资、生产、参与、游说等。每一类行动都是一项专业。针对这些行动的研究，就出现了"消费经济学""投资经济学""管理经济学""公共经济学"等学科，这些学科又被称为经济学的次级学科或专业学科。

之所以说它们是次级学科，是因为它们的名称都是把专业冠在经济学之前。这意味着，它们有着共同适用的经济学的核心理论，也有属于经济学在专业领域的应用理论。在此，我们先从经济学的核心理论谈起。

一体两面的选择与行动

个人的行动如此复杂，各类应用理论又被细分为专业学科，这样我们便不难理解相关核心理论讨论的是各类行动的共同模式。同样，我们也可以理解，共同模式陈述的是可普遍适用于各类行动的经济学概念，而其中的基础概念就是"选择"以及与"选择"一体两面的"行动"。

有句话说，"最关键的人生选择，就是男怕入错行，女怕嫁错郎"。这句话当然已过时，因为现代社会的男女都已独立自主。我们可以将性别改为"个人"，并将这句话改写为：在个人的人生选择中，最怕犯的错误是就业和婚姻。就业决定了个人生活方式的未来，婚姻决定了两个人共同生活方式的未来，就业与婚姻都是人生的重要选择。但不论是就业还是婚姻，没有行动的选择都只能算纸上谈兵，而没有选择的行动则完全是盲从。所以，选择的第一项要点是：行动和选择是一体两面。

就业　　　　　　　　　婚姻

知识影响选项

人生中还有许多重要选择,比如求学、旅游、投资、买房等。这些选择同样需要行动和选择携手前行,它们和就业或婚姻没有什么不同,只是横跨的时间短暂一些。

对于各种选择,选项越多,个人越容易选到自己满意的选项。以买房为例,只要知道待售房屋的小区

第一课 经济学的起点

越多，个人就越能买到满意的房子。俗话说，"货比三家不吃亏"，选项多的好处不仅体现在价格上，也体现在非价格上，比如格局与采光、通勤时间与购物距离、小区环境与邻里关系等。这一点看似简单，却是值得记住的选择的第二项要点：尽可能找到更多的选项。

搜集选项不只需要花费时间与精力，还需要具备选择的知识。譬如，计划在国庆长假或年假出国旅游时，我们对目的地的知识若不足，选项就会受到限制。欣赏音乐也是如此，不少人对歌剧或交响乐没兴趣，其中的真正原因是他们对这些音乐不了解。

所以，能享有较多选项的优势全是自己过去累积知识的结果。因此，就业的选项就受到自己所读专业的限制。大学的"专业选择"，也可说是毕业后就业选择的初步选择。所以，选择的第三项要点是：选择的机会受到个人知识的限制。

确定选择的目标

老陶有一段往事，他在高中时的数学成绩不错，符合"金融专业"和"工程专业"的要求，但要如何选择呢？他的父亲到处去请教朋友，得到的回答大多是"公共行政专业"！因为这个专业毕业的人工作稳定，收入也不错。但他的父亲没有同意。不过，老陶的选项只有这些吗？

之前，他比较过符合数学科目发展的专业信息，但是并没有考虑自己的理想。如果一个人连理想都没有，还谈什么选择呢？

老陶说，他有过一个野心，就是想"创立一个学派"，成为开山祖师。那么，在工程、医学、金融、艺术或经济学专业中，哪个专业更有可能让他实现理想呢？

他的判断是这样的：工程界使用的是共同的术语，要开山创派并不容易，医学界和金融界也类似；艺术界和经济学界存在着各种各样的学派，因为学派间并未完全使用统一的术语。所以，艺术或经济学是较佳的选择。老陶的判断标准对不对呢？这要另外讨论。但是，每个人都有自己主观的判断标准，而且对这个标准有一定的信心。老陶挑选了经济学专业作为高校时期的努力目标。所以，选择的第四项要点是：根据理想，确立目标。

构想可执行的手段

确立目标后，老陶一入学就努力读书。但只有这项行动是不够的，实现目标往往需要一系列的行动。于是，老陶开始研究那些祖师们开山创派的做法，并决定按照祖师们的步骤去行动。第一，熟练掌握特定学派的理论；第二，从中开创一个新的视野；第三，扩建或建构新的理论；第四，书写新的教科书；第五，传播理论和训练年轻学者。对于这一系列行动，前一项行动可以为下一项行动建立新环境，或者下一项行动在新环境上展开。只要每一项行动都可执行，这一系列的行动就构成可执行的手段（简称"手段"）。所以，选择的第五项要点就是：构想一套可实现目标的手段。

我们在说经济学探讨的是人的行动时，表面上呈现的是选择，其背后则是一系列可执行的行动。这些行动都是为了实现个人根据理想所确立的目标，因而行动的背后就存在着对自己负责的压力。只有尽力去行动，个人才算是对自己负责。如果说经济学也有着道德使命，那就是对自己负责的信念。道德在于身体力行，而非空口谈虚。所以，选择的第六项要点是：选择的背后是责任。

经营自己的选择

不少教科书以婚姻为例讨论选择，说婚姻是"爱情与面包的选择"，并教导如下选择步骤：写下影响婚姻幸福的因素，按照这些因素去评判每位候选人的得分，个人根据这些得分将候选人排序，挑选出排序最高的候选人。的确，一般人是这样挑选股票和房子的，但若以这些步骤去挑选人生伴侣，这就显得过于机械。"选择你的爱，爱你的选择"，这是俄国大文豪托尔斯泰的名言。尽管他在文学方面取得巨大成功，但在婚姻生活上失败了，所以选择并不像想象中那样容易。虽然我们认真地选择，但这只是幸福婚姻的起点。从起点起步后的行动与历程是经营，这才是"爱你的选择"。无法诚心经营的婚姻，很难实现幸福。

清朝的沈复写了一本《浮生六记》，这本书记录的是他的婚姻生活，后来成为传统幸福婚姻的典范。书中并非记录结婚之前的信息搜集过程，反而记录的是结婚后的生活点滴。虽然他的婚姻是"父母之命，媒妁之言"，但只要他没拒绝，这就算是自己的选择。他在接受这段婚姻时就想着如何经营自己的婚姻，结婚后的行动也基本上和计划的差不多，从而收获了夫妻间至诚至爱的真情。

个人行动与群体行动

最后,我们来谈一下个人之外的人的行动,也就是群体的行动。前面的讨论假设了个人只要经营自己的选择,就能实现目标。然而在现实社会,固然有不少能独自完成的目标,但更多的目标不是需要他人的合作,就是会受到他人的干扰。我们常听到这类故事:一对情侣计划到国外留学,等拿到学位后再结婚。但某一方因故晚了一年出国,遗憾的是,等到了国外才发现,情缘已不复存在。类似的故事也发生在企业的投资选择上。因此,如何让人与人之间的行动获得协调,是经济学在探讨个人的行动之后必须去讨论的问题。

本课小结

我们给这一课做一个简单总结。经济学探讨人的行动,而行动和选择是一体两面,它们均以个人的理想和主观确立的目标为前提。为了实现目标,个人得构想一系列可执行的行动,并勇于执行。勇于执行,就是对自己的选择负责任。

拓展延伸

经济学的定义

"经济学研究人的行动",这句话听起来还算顺耳,但好像和我们常听到的定义不太一样。我们常听到的定义是:"经济学研究如何将有限的资源有效率地配置到不同目标。"那么,这两种定义是否只是侧重角度不同但含义相同呢?还是这两种定义的内容根本就不相同呢?如果是前者,我们只要解释一下就能理解。若是后者，我们就会追问：为什么一门学问有两种不同的定义？

答案是后者：这两种定义是内容不相同的两种定义。为了区别，我们可称前者为"主观论定义"，称后者为"客观论定义"。

既然都是经济学的定义，那么它们总有重叠的地方。譬如，主观论定义的经济学提到了人的行动，其中的行动不仅需要目标，也需要资源——虽然目标和资源都没写在定义中。而客观论定义的经济学，则清楚地将目标和资源写在定义中。

那么，这两种定义的差异又在哪里呢？在客观论定义中，资源是给定的，目标也是事先设定的（虽没明写，但我们读得懂）。譬如，年轻时期的老陶，为了能考上比较有名的大学，就将考前的半年复习时间认真地分配给五个学科。这时的决策者未必就是老陶，也可能是他的父母或补习班的老师。老师的工作是帮助学生做规划，学生的考试结果和老师无关。

在主观论定义下，虽然行动需要目标，但目标并非被给定，而是决策者的选择。决策者在选择目标时常会自问："我为什么要选择这一目标？"也就是说，在目标之上，还有更高的个人理想，而决策者也拥有为其理想选择目标的意志。如果老陶当时怀抱的理想是高校毕业后就去创业，他就不会把高考分数看得很重要。如果他当时的理想是从事学术研究，那么高考分数便是相当重要的目标。

所以，虽然经济学有两种定义，但它们并不冲突。完整的经济学包括这两种定义的内容，并以主观论定义为主导，以客观论定义为辅佐。个人先根据自己的理想选择目标，然后根据选定的目标有效率地配置资源，好好努力。

那么，这两种定义是否能够反过来：以客观论定义为主导，以主观论定义为辅佐呢？逻辑上也无不可，但人生的过程会全然不同。老陶若是以客观论定义为先，就必须接受给定的目标，这些目标未必符合他的理想。而接下来的主观论定义就会要求他逆来顺受,说服他努力实现这些目标。

经此比较,我们会称以主观论定义为主导的经济学是"自由的经济学",也就是"主观的经济学"。

选择和行动的一体两面

正文多次提到"选择和行动是一体两面",但仔细思考,这一点又没那么简单。毫无疑问,我们之所以行动,是因为先有了明确的选择;但是,哪怕有了明确的选择,也未必能催生出行动。风吹不动的例子比比皆是,不是吗?那么,从选择到行动,还需要具备哪些条件,或者加上哪些因素呢?

以老陶为例,在掌握祖师们开山创派的做法后,他是会无望地放弃原先要开山创派的理想,还是会打起精神、勇往直前?从哲学的角度说,个人真的能经由清晰的逻辑关系而行动吗?我们听过不少宗教大师是在"透彻"后出家的,但宗教的透彻并不等同于清晰的逻辑关系,而是比逻辑关系多出了当事人的执着。我们很难讲清楚这个"执着"是什么,但至少包含当事人的决心:他明白真实世界绝非逻辑关系那么简单。但是,既然清晰的逻辑关系已经能保证行动的可执行性,剩下的就是只有走入真实世界才会遇到的"机缘"(不确定性),而且他相信这些"机缘"主要是一些短暂或琐碎的问题,因为系统性的问题都已经抽象在逻辑关系里了。

他知道将会有不时出现的"机缘"来困扰他,也相信自己有能力面对这些"机缘"。让人担忧的是,在面对种种"机缘"时,涉及的成本是否会超出个人的承担能力。这里讲的成本是各种各样的,从金钱成本、时间成本到心理成本。如果是金钱成本和时间成本,这些在行动的计划中就应该都罗列在内。所以,剩下的就是心理成本。

心理成本是相当主观的成本,譬如面临无法参加女儿生日派对的压力。这方面的成本难以从金钱上获得补偿,

第一课　经济学的起点

也不容易从预期成功的喜悦中抵消，因为这些成本不时地会出现在实践理想的过程中。所以，只有在实践过程中不时感受到喜悦的个人，才有能力承担这些成本。换言之，只有能在过程中享受到喜悦的个人，才可预料自己在过程中承担这些成本。因此，对他们而言，行动自然就在选择之后。在这个过程中，他们也就没有任何的时间空隙或阻挠。

第二课

决策时，
你在考虑什么

第二课　决策时，你在考虑什么

一、知识点

效用、财货、排序、休闲。

二、特色

从选择的逻辑来讨论个人的决策过程，论述效用和财货的含义，并讨论与工作和休闲相关的抉择。

三、课程逻辑

1. 决策就是选择，其手段是寻找可满足目标的财货。

2. 某个东西要成为财货，必须满足五个条件。财货的概念使经济学真正成为与人的行动相关的科学。

3. 能获得效用的财货并不是唯一的，最高排序的财货就是最终选项。

4. 面对有限的时间和边际效用递减，工作和休闲要如何取舍？

决策三部曲

在第一课,我们提到了各类行动的共同模式——选择与行动。我们也提到,在目标确立后,我们就得拟定实现目标的手段。每个可能的手段都包含两个部分:前一部分为计划,后一部分为执行。目标、计划和执行构成了管理学中所讲的"决策三部曲",也是我们个人生活中的"决策三部曲"。

在企业里,管理层把执行任务交给下属,自己负责目标与计划。因此,从企业活动来看,决策就是目标和计划。在个人生活中,自己既是目标的确立者和行动的计划者,又是计划的执行者,负责完整的"决策三部曲"。

比如，老陶作为公司的中层，除了要执行上级交办的任务，也要制订计划，并将计划中的细节工作分配给下属。参与企业生产是他生活的一部分，他必须借此赚取工资。他生活中的另一部分，就是消费。只要不是依赖家产或遗产过活的人，不论是大老板还是小职员，都必须生产和消费。生产带来消费所需的资金，消费能让个人好好地生活下去。这一事实让生产和消费成为个人生活的一体两面。

于是，经济独立的个人必须兼具"生产者"和"消费者"的双重角色。作为生产者，老陶上班赚工资；作为消费者，老陶拿工资购物。"生产者"一词从真实个人抽离出生产角色，"消费者"一词也是如此。若返回到真实个人，那么老陶既是生产者，又是消费者。所以，生产者和消费者也是真实个人的一体两面。由此可知，"生产者欺骗消费者"之类的普遍概念非但没有逻辑,还带着有意肢解社会功能的意图。当然,欺骗行为在任何社会都存在,但不存在"生产者欺骗消费者"这种普遍行为,只有"某人生产了不良产品"或"某人买了假冒伪劣商品"等个案的欺诈行为。

第二课　决策时，你在考虑什么

效用与财货

消费的种类有很多，比如购物、旅游、下馆子、看电影等。以看电影为例。老陶想去看动作电影，享受"激情的快感"。在这里，"激情的快感"是消费目标，"看电影"是手段。手段包含前面提到的计划和执行两部分，其中的计划是"找出打得天翻地覆的动作片并查看自己有空的时段"，执行是"上网预约和去电影院"。只要计划和执行能落实，老陶下午就会坐在电影院享受"激情的快感"。散场后，老陶愉快地走出电影院。经济学称这种个人实现目标后的喜悦或满足为"效用"。

老陶从欣赏动作片中享受到了"激情的快感"。其实，他从参加极限运动中也能获得"激情的快感"。一般而言，能实现相同目标的手段不会是唯一的，老陶得从中挑选。

对看动作片或参与极限运动的挑选，比去超市挑选饮料复杂得多。老陶熟悉不同饮料的口味，而购买某一种口味的饮料则基本只需要止渴这一时机（当然，有时候我们并不是止渴，只是想喝该口味的饮料）。在提前买电影票时，他只知道预告片所传递的影片信息（也有可能通过各种影评稍微了解得更多一些）。但这很有可能是一次过高的期待（吊诡的是，情节提前知道得越多，乐趣也就失去得越多）。如果下午天气好，那么他更可能想去参加极限运动。只是

第二课　决策时，你在考虑什么

天气预告说下午可能会下雨，他才决定去看电影。

任何需要计划的行动，都发生在未来。未来充满不确定性，也存在各种可能性。不过，老陶慢慢地养成了一个习惯：晴天去参加极限运动，雨天去看电影。

还有一种可能：老陶买错了电影票，等电影开场后才发现放映的是文艺片。这时，他只能蒙头睡到散场或者提前退场。行动是有对象的，消费也是如此。不是说只要消费就能带来效用，只有消费正确的对象才会带来效用。经济学称能带来效用的消费对象为"财货"。对老陶来说，文艺片不是财货，动作片才是财货。（"财货"这个词很有意思，可解读为：用"财"来换"货"。）

文艺片不是老陶的财货。即使电影院免费让他去观赏文艺片，他也不会去。但是，如果女朋友要求他陪伴的话，那么他可能会很愿意去看，即使要付双倍价钱来买票。这时，文艺片就成为他的财货。虽然电影的内容没变，但他想实现的目标已经改变：之前是"观赏剧情"，现在是"和女友相处"。所以，消费的对象算不算财货，取决于个人当时的目标。

第二课 决策时,你在考虑什么

财货的属性与排序

当前,经济学家对财货的属性已相当了解。某个东西要成为财货,必须满足五个条件。

第一,个人明确知道自己当下的目标。

第二,该东西拥有某些客观性质。

第三,个人知道这些客观性质可以实现目标。

第四,个人知道如何使用这东西。

第五,个人对相关的计划和执行都拥有控制权。

这些描述有点抽象,我们就用老陶看电影的例子对照说明。

第一,他知道自己当下的目标是享受"激情的快感"。

第二,动作片(比如《速度与激情》)就有着"惊险和快节奏"的剧情。

第三,他知道"惊险和快节奏"的剧情能带来

"激情的快感"。

第四，他知道只要上网预约购票并准时进场，就能够享受快感。

第五，他的钱包有足够的钱。

在讨论完决策和财货的概念后，我们进入本课的主题：决策时，你在考虑什么？我们换个例子来讨论：假设老陶准备在今年生日时好好地犒赏自己，他会怎么做呢？

首先，他会在"犒赏自己"的目标下罗列出可以选择的手段。如前文所述，手段分成计划和执行两部分。计划的第一阶段是确立可以实现目标的各种可能的财货，比如旅游、购买音乐家的专辑或享受米其林美食。计划的第二阶段是确立各财货的消费细节，比如旅游可以考虑的地点有法国的巴黎、英国的乡间、日本的北海道等。于是，他就有了一长串的计划。

在计划的第三阶段，他会按照自己的喜爱程度，就这些计划加以排序。在考虑排序时,他也要考虑到负面的感受,比如劳累或晕机等。

在计划的第四阶段,他会在自己的预算和时间的客观限制内,删除所有无法实现的计划。在剩下的计划中,排序最高的就是这次决策的最终选项。

"客观限制"看起来不受我们的控制,但每个人多少都会有偏爱的计划,并愿意为它改变限制条件。比如,老陶非常想去巴黎度假,但是路途遥远,所以他会多请几天假。许多看似客观的限制,其实存在主观调整的可能性。

生产与工作

从个人来说,生产就是工作。

老陶从工作中赚取工资,用工资来消费,并获得效用。一般而言,消费越多,效用越高。于是,通过消费，老陶的工资越高，他可以获得的效用也就越高。也就是说，如果没有工作带来工资，老陶就无法从消费中获得效用。但这并不是说老陶能直接从工作中获得效用。老陶只是企业的受雇员工，很难在工作中感受到幸福，这与参加极限运动完全不是一回事。

虽然老陶必须经由消费才能获得工作时期待的效用，但他还是发现了"工作越多"和"效用越高"的相关性。这是否意味着老陶希望能有更多的工作时长，以获得更高的效用？如果能获得更高的效用，那么他为什么没把所有时间都用于工作？（若有人说自己喜欢较高的效用，我们不会感到意外；若有人说自己不想要太多的效用，我们才会觉得奇怪。）

老陶希望有更多的工作时长，但事实上做不到，因为他受到两项自然法则的限制。首先，他每天只有24小时，工作时长无法超过这一限制。其次，工作需要耗费精力，要是精力耗尽，他就无法再工作。老陶每天起床时精力饱满,但也只够他工作12小时。假设老陶只要不干活1小时,就能补回来工作1小时需要的精力。也就是说,精力耗尽后,只要经过12小时的休息,他又能精力饱满。于是,他每天的最高工作时长无法超过12小时。

除了自然法则,社会还有法律限制的工作时数。譬如,某地劳动法就限制劳动者每日工作不能超过10小时(8小时的正常工时和2小时的加班)。于是,老陶下班后,还有精力可再工作2小时。因此,他开始在后院种些菊花。种菊花虽然是体力活,但能带给他"看到菊花就快乐"的效用——这不是上班能做到的。对于这种需要耗费精力却能带来效用的工作,经济学称为"休闲"。

休闲的效用

种菊花之后,老陶发现他的效用有两处来源:一处来自消费,另一处来自休闲。单纯就喜悦与满足来说,他分不出这两处来源的效用有何不同。但他知道,他在从这两处来源获得效用的过程中会累积出不同的经验和知识。菊花种久了,他会成为园艺高手;美食吃多了,他会成为美食达人。当然,他也可能成为赛车高手或者书法名家。

某夜,老陶仰望星空,细想自己的人生。除了上班,他还能培养出什么生活嗜好?望着南山,他决心在后院栽种各种各样的菊花。于是,他开始不加班,每天就可以拿出2小时来种菊花,但代价是,每月的工资会减少三成(加班的工资较高),从而也降低了他从消费中获得的效用。不过,这是他期待的,因为他觉得从种菊花获得的效用高过消费减少所降低的效用。

看着明月清辉和满园缤纷，老陶沉醉在菊花的世界里。在沉醉中，种菊花的效用把其他消费带来的效用抛得好远。

本课小结

这一课主要讨论的是个人获得效用的决策过程。目标确立后的决策就是计划和行动，其细节就是寻找可满足目标的财货。某个东西要成为财货，必须满足五个条件。对符合条件的一些财货，个人得按自己的喜爱程度排序，并考虑客观的限制条件，以及删去不符合条件的财货，而剩下的最高排序选项就是被选上的财货。

消费需要用工作去赚取工资，但工作时长受到自然规则和法律的限制。工作之外的休闲也能带来效用，这也是个人在消费效用之外的另一选择。

拓展延伸

边际生产率递减

书中提到"工作需要耗费精力，要是精力耗尽，他就无法再工作"，这是一个为了简化论述而采用的假设，许多现实生活中的行动也是如此。比如爬山，越爬越没力气，直到力气耗尽，就爬不动了。开车、耕种、打球、学习也都如此。只要精力还有，他就能继续行动。

如果进一步问：在精力耗尽前，他每小时的工作表现是否都一样？上一段的假设并没有直接回答这个问题，但书中说"只要不干活1小时，就能补回来工作1小时需要的精力"，这就好像每小时的工作效果都是一样的，效果不会越来越差。这样的假设不符合现实。以爬山为例，人们每小时能行走的距离是越来越短的，直到走不动。当这种情况发生时,经济学称之为"边际生产率递减"。

边际是经济学家在19世纪提出的经济学概念,是指重复利用某一单位资源的结果。生产率是每小时的产出。边际生产率是指重复生产一小时的产出。递减就是越来越少。

工作中是否会出现"边际生产率递减"的现象?一般会出现。以老陶上班为例,最直接的原因就是:工作时间长了,心情开始烦躁。至于爬山,爬不动的原因可能不是精力不济,而是肌肉开始酸痛。当然,这些答案都不是经济学的理由,而是心理学或生理学的理由。由于欠缺经济学的理由,边际生产率递减就无法成为经济学的普遍法则,只能属于经济学各个应用学科,也就是专业经济学的法则,譬如劳动经济学或农业经济学。

如果老陶上班存在边际生产率递减现象,那么这会对老陶的决策产生什么影响呢?如果出现递减现象,最后一小时的工作产出就会少于最初一小时的产出。也就是说,理论上,他最后一小时能获得的工资会减少,他无法购买预期数量的财货。既然无法获得期待的效用，他不如将这段时间用于种菊花。于是，他会减少工作时间，增加种菊花的时间。

在实际生活中，虽然工资不会因递减现象的出现而下降，但雇主也不会接受递减现象带来的产出减少。雇主会加强监督，避免老陶的生产率下降。这会逼迫老陶咬牙切齿地工作，提高辛勤程度，而不得不缩短工作时长。

虽然递减现象不是经济学的普遍法则，但"任何行动的工作期限都是有限的"是普遍法则。"精力耗尽"的假设和这个普遍法则相通，如果行动不必耗费精力或精力不会耗尽，老陶就可以无限期地工作下去。但这不符合现实。所以，"精力耗尽"这个看似很简单的假设，却是符合普遍法则的假设。

如果任何行动的工作期限都是有限的，那么行动所属的个人的生命是否也有限？这个问题的确很具有挑战性。有医学理论视死亡为一种疾病，并相信医生终将治好这一疾病。此外，人工智能正朝向脑机接口技术发展，企图让人的记忆和意识借助转移和长期保存以避免死亡。我们是否真的会盼望与等待不死的生命？

边际效用递减

在经济学中，虽然工作不存在边际生产率递减法则，但消费存在边际效用递减法则。"边际效用"是指，当老陶重复相同财货的消费时，每次消费能产生的效用。"边际效用递减"是指，老陶消费相同财货能获得的边际效用，会随着连续消费总量的增加而递减，最后甚至到负效用。"负效用"是指，老陶对消费该财货出现厌恶感。

对于边际效用递减法则的解释，经济学的推理和生产率递减法则的讨论一样：如果边际效用不会递减，只要财货供应充足，老陶就会无限制地消费相同的财货。但这不符合现实。

边际效用递减概念的存在，让经济学家可以避开老陶

"能否在工作中获得效用"的争议。经济学家会说:"别争了。即使老陶能在工作中获得效用,但只要边际效用递减得够快,负效用就很快会出现。"换言之,经济学家不会接受工作是个人价值来源的论述,但不反对工作有时也会带来快乐的观点。如果要说工作"也能"带来效用,那么我们只能说:"工作赚来工资,让我们有机会消费财货,从而获得效用。"

同样,休闲也存在边际效用递减。所以,过度休闲和过度消费都会让人觉得不舒服。这样,老陶就会适当地分配时间,让自己从休闲获得的边际效用刚好等于从消费获得的边际效用。对休闲时间和工作时间的分配,正是他认真决策的体现。通过这样的分配,老陶的工作效率会更高,身心会更愉悦,幸福感也会得到提升。

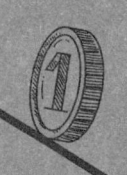

第三课

交换,
扩大了消费选择

第三课　交换，扩大了消费选择

一、知识点

理性、交换、机会成本、供需法则。

二、特色

指出交换是获取他人财货的理性行动，并借交换实例引出经济学中的重要概念：机会成本与供需法则。

三、课程逻辑

1. 选择与行动是理性的人的行动。也就是说，个人会采取他认为的最合适的手段去实现自己的目标。

2. 两个人交换时，交换是获取他人财货的理性行动；而"公正且合理"的交换，就是双方愿意接受谈成的交换条件。

3. 机会成本是交换的成本，是主观评价的概念。

4. 在进行生产、消费与投资决策时，市场的供需法则是一个重要的参考。

理性的决策

在理解如何将时间配置到工作和休闲后,老陶有了更多的时间种菊花。随着时光流逝,他迈入中年,开始厌烦上班生活的单调枯燥。他也有了一些积蓄,何必再继续为五斗米折腰呢?他想隐居终南山,过上自给自足的山野生活。

他将想法告诉同事。他们在羡慕之余,以疑惑的眼神问他:"山野生活能过得来吗?你有自给自足的能力吗?"在这些疑问下,老陶也不禁怀疑自己的决定是否理性。

怎样的选择才叫"理性"呢?难道要跟着大家固

第三课 交换，扩大了消费选择

守着原职位，对自己抱着歉意度过一生？他利用一个长假，详细地评估自己独立生活的能力，估算迁居终南山所需的费用。他明白山野生活会有难以预料的风险，但相信自己有处理的能力。他想着，说不定还会有特殊机缘。经过盘算和计划，他决定行动，隐居终南山。

在工作日，老陶适当地分配工作和休闲的时间，并利用多出来的时间培养种菊花的嗜好。这是他对生活的第一次理性决策。现在，长期工作改变了他的理想，于是他要调整生活方式，去过自给自足的山野生活。这是他对生活的第二次理性决策。

这时，老陶已不算年轻。老陶根据自己的计划，在终南山山腰找到一间小屋，在屋前的空地种蔬菜，在后院种菊花，还养了几只鹅。他又开垦一块地，种些玉米和土豆。由于他是在农村长大的，这些农活难不倒他。他能种出自己需要的食物。

交　换

有一天,老陶遇到刚钓鱼回来的隐士老姜。他突然想起酸汤鱼的美味,就回家抓了一只鹅,想和对方交换几条鱼。这是他对生活的第三次理性决策。在遇到老姜的那一刻,他就想到自己既不会捕鱼,也不会钓鱼,与其从头学习,不如直接和老姜交换。

虽然交换的机会出现了,但他们能够顺利交换吗?对老陶来说,鱼是他现在想要的财货,但是老姜喜欢吃鹅肉吗?老姜会不会也养了鹅呢?如果鹅肉也是老姜想要的财货,那么老姜愿意拿出多少条鱼来交换一只鹅呢?

老姜品尝过鹅肉,也认为这是美味。所以,鹅肉是老姜感兴趣的财货。两个人都对对方的财货有需求,所以交换财货不是问题。

真是这样的吗?隐居前,就有同事提醒老陶别被

第三课　交换，扩大了消费选择

当地居民欺负了。刚来时，老陶时时刻刻在提防玉米被偷摘、鹅被偷抓。住了一阵子，他不再担心，因为山下有集市，这意味着大家习惯用交易的方式去获得自己没生产的财货。

于是，老陶采取行动，直接和老姜交谈。老陶将一只鹅给了老姜，老姜拿了几条鱼给老陶。那么，老陶的一只鹅换到了几条鱼？只要看到"两个人高兴地提着新财货回去"，一只鹅换几条鱼的交换条件并不重要。这是他们之间的协议，不管交换条件为何，都

算是"公正且合理"的交换，因为这两个人是"高兴地提着新财货回去"的。

机会成本

老陶在遇到老姜时，正计划去采摘野莓以做成鹅肉的拌酱。但为了品尝"酸汤鱼的美味"，他牺牲了"野莓拌鹅肉的美味"，更改了计划。就财货的交换来说，老陶是以鹅换鱼；但老陶在把鱼当作财货时，想的是"酸汤鱼的美味"，而不是鱼。所以，他是为了"酸汤鱼的美味"而放弃"野莓拌鹅肉的美味"。经济学就称"野莓拌鹅肉的美味"是老陶选择"酸汤鱼的美味"的"机会成本"。机会成本为我们提供了另一个思考的视角，让我们更深入理解自己的选择。

老陶谈过一则往事。他曾出差到一个东南亚国家，在其首都新机场，见到候机室的玻璃通道两旁种

第三课 交换，扩大了消费选择

满了俗称"天堂鸟"（学名"鹤望兰"）的花。这个美景震撼了老陶，也让他思考：该国的经济状况不佳，前几年才向国际货币基金组织进行巨额贷款（假设贷款10亿美元），并用这笔钱修建新机场。这笔贷款需要10年还清，每年的利率是5%，也就是每年要还1.5亿美元。新机场管理局每年的收入是2亿美元，就等于有0.5亿美元的净利润。这样的投资合理吗？

从会计学的角度来看，每年都有净利润的投资是合理的。如果该国随时都可以借到10亿美元，资金的供给不稀缺，投资方案就可以从会计学的角度去评估。所以，修建新机场并不算错误决策。但是，国际货币基金组织在评估该国总体经济后，采取谨慎贷款策略，短期内不会再贷款给该国。因此，在资金来源有限的情况下，投资方案就必须从经济学的角度去评估，也就是比较不同投资方案的机会成本。当时，该国的另一个选项是新建高新技术科技园，每年有1亿美元的净利润。比较之下，修建新机场的机会成本是1亿美元，而新建高新技术科技园的机会成本是0.5亿美元。因此，修建新机场是错误的决策。

那么，为什么该国会做出错误的决策呢？当时，该国新总统刚上任，希望国内外都看见他的"大作为"。于是，他在评估新机场的净利润时，就在0.5亿美元的经营利润外加上1亿美元的非金钱利润，也就是把他来自兴建机场的自满也算进利润。（利润是对投资者的报酬，包含经营所得的金钱利润和主观的非金钱利润。）于是，兴建高新技术科技园的机会成本就变成1.5亿美元，高过兴建新机场的机会成本。比较之下，新总统决定为该国修建新机场。

市场交易

让我们回到终南山。霜降来临，大雪即将封山。

第三课 交换，扩大了消费选择

老陶手艺多，但制作棉袄不在其中。他决定去集市买一件棉袄，而不是跟老姜交换。这是他的第四次理性决策。虽然老姜也会制作棉袄，但他未必做得出老陶喜欢的款式。相对地，集市的选择较多。

集市有两个摊子（商家）在卖棉袄，他打算先比较两家的款式和价格，再挑一家来讨价还价。

集市是开放平台，可以让大家在此交换他们生产的东西。对于大家各自拎着自己的东西来交换的方式，经济学称其为"以物易物"，也就是"直接交换"。如果老陶提着鹅来到集市，那么卖棉袄的商家未必爱吃鹅肉。所以，他还是带着钱来。虽然终南山的隐居者都是自己耕作，但直接交换并不容易进行。货币还是最重要的交易媒介。

当一方带着钱与另一方交换财货时，经济学习惯上改称"交换"为"交易"，并称这种交换方式为"间接交易"。在直接交换中，交换双方都是卖方，也是买方；在间接交易中，双方依然身兼卖方和买方的角色。但我们已习惯称带着钱的一方为买方（或消费者），称带着财货的一方为卖方（或供给者）。间接交换的财货也就被称为"商品"。时间久了，不少消费者忘了自己也是（带着钱来的）卖方。

第三课　交换，扩大了消费选择

价格的决定

老陶看上了一件棉袄，老板开价180元。老陶怕自己买贵了，一直没有买。到了中午，老陶又经过那个摊位。老板说要收摊了，愿意以150元的价格卖给他，少赚总比没赚好。老陶很高兴地买了，但仍怀疑自己可能买贵了。

人们疑惑自己"买贵了"，大致出于两种情况。一种情况是，自己既欠缺辨别商品质量的能力，又没有讨价还价的能力。另一种情况是，在事后看见别人以较低的价格买到类似的商品。人们即使事后发现自己真的"买贵了"，也不能忘了自己在购买时是完全自愿和愉快的。人们之所以事后觉得"买贵了"，是因为现在比购买前多了新信息（获知他人的购买价格）。这就是俗话说的"千金难买早知道"。在信息不足的情况下，人们通常会以较高的价格买到财货，但这是合理的。

有经验的消费者都知道,卖家在很多情况下是会降低售价的,譬如在集市马上要关闭的时候。像肉类和鱼类等无法保存的商品,这时候就会低价甩卖。商场或超市对临期商品也都以打折方式促销。

供需法则

如果集市出现新的供给者,那么商品的价格也会下降,因为现有供给者会担心市场被其他供给者瓜分。相对地,如果需求者的数量增加了,那么商家也会觉察。这个时候,商品价格会上升,需求者很难成功杀价。商品不存在固定的价格,其成交价格会受双方议价能力的影响。这是集市最基本的运作法则。

若集市只有一种棉袄款式,而消费者对棉袄款式也没有特别要求,棉袄的交易价格就会变得很透

第三课 交换，扩大了消费选择

明，并受到总供给量和总需求量变化的影响。棉袄的"总供给量"是今天这两个商家拿出来卖的棉袄总数，"总需求量"是今天所有消费者想买的棉袄总数。在这种情况下，棉袄的成交价格就会因为总需求量的增加而上升，同时也会因为总供给量的增加而下跌。对于这样的价格变动趋势，经济学称其为商品价格的"供需法则"。

供需法则是经济学针对价格变动的一项思维工具。之所以称它为"法则"，是因为我们可以进行如下推断。当某个商家的商品存货很多，且他也知道隔壁摊位的存货很多时，他就会考虑整个市场。商家如果觉得总供给量多过总需求量，为了卖出自己的存货，就会低价出售。反之，如果他觉得市场存货不是很多，不担心存货卖不出去，价格就会保持在高价。供需法则可以帮助我们理解和预测价格的变动方向，但并不带有精确的数字含义。当每件棉袄的款式和质量并不一样时，我们怎能将它们精确地加总为总供给量呢？同样，每位需求者想要的棉袄的款式和质量也不一样，这又如何能精确地加总出总需求量呢？既然棉袄无法精确地加总，也就不存在任何精确的数字含义。简而言之，供需法则是我们理解价格形成的必备思维工具。通过这个法则，我们能更好地理解人与人之间如何达成交易。虽然我们无法精准地计算供给量、需求量和价格，但通过了解这三者之间的关系，不管我们是生产者、消费者还是投资者，在做相应的决策时都能以此为参考，更明智地生产、消费和投资，从而让自己在交换中获得更满意的结果。

本课小结

选择与行动是人的理性行动，也就是个人会采取他认为最合适的手段去实现自己的目标。两个人则会选择以交换方式取得自己没生产的财货。集市则提供更多的交易机会。买方与卖方的讨价还价决定了商品的价格。如果商品款式相同，商品的价格就会受到买卖双方人数的影响。总需求量增加会抬高价格，而总供给量增加会压低价格。供需法则有助于我们了解价格变动的方向，是我们了解价格形成的思维工具。供需法则虽不具备精确的数字含义，却是我们在进行生产、消费和投资决策时的重要参考。

拓展延伸

公正与合理

这一课从一个人的选择与行动推进到两个人的行动，新出现的问题就是两个人互动所碰撞出来的火花。正文讨论的互动是交换，现实生活中还有偷窃、欺骗或抢劫等其他互动方式。但只要假以时日，每个人都会发现，交换的互动方式才是个人（也是双方）的理性选择。

如果双方都愿意接受交换，那么背后的期待是不愿意失去交换的机会。既然如此，个人就不能过于自我，只有考虑到对方的反应，才能不让交换机会破灭。但在主观和独立的前提下，这个期待是，不能以外力强迫他们接受任何交换条件。唯一的可能就是，双方都接受一些他们自愿遵守的规则，并在这一规则下达成交换条件。

经济学简称双方愿意遵守的规则（和规则下的互动方式）为"制度"。两个人的交换和集市的交易都是制度。由于每个人都希望交换机会不要破灭，而制度的存在就是保证交换机会不破灭，所以制度都是好的。社会不存在坏的制度，只存在被破坏和被扭曲的制度。

公正不是经济学的本土语言，是来自其他学科的外来语，因此，经济学也必须赋予它符合经济学信念的内容。在其他学科中，公正是制度的首要条件。在经济学中，制度的首要条件是不要让制度破灭。就交换来说，能看到

"两个人高兴地提着新财货回去"的制度必然是公正的。因此，经济学赋予公正的定义内容，就只有"双方情愿接受"这一个简单的判断标准。只要是双方情愿接受的制度，就是公正的制度，而在这一制度下达成的交换方式或交换条件都是合理的。

理　性

正文提到老陶的"四次理性决策"，并没有对其进行深入讨论。由于决策包括目标、计划与执行，如果不讨论目标是否理性，那么理性决策就是指计划和执行都符合理性。但我们是用哪些标准去判定计划和执行是否理性呢？

经济学可以参照其他相关学科（哲学、政治学、社会学、心理学等）的术语和讨论，但也仍有自己的视野和研究角度。因此，我们只讨论选择（包含行动在内）的理性，而不涉及哲学或文化史关于理性的论述。

经济学的"理性选择"有两种不同的含义。

第一种含义中的"理性"涉及的是纯粹的逻辑,"理性选择"则讨论个人选择过程的逻辑问题。这类讨论先假设个人在一段时间内的选择逻辑是稳定的,然后检视他在不同情境下的选项是否存在不一致或不完备的情况。这类问题属于公共经济学中的公共选择理论,与本书的关系较少。

第二种含义是本书关心的理性,它是指个人从理想到行动的一致性,而"理性选择"讨论的是个人如何做出选择的问题。由于经济学的立足点是做选择的个人,比如老陶自己,而不是盘旋在他头顶高处的神明,也不是安装在他脑中的智能控制芯片。所以,这个问题相对清楚与简单:老陶只要具有三个条件(主观且独立的目标,对实现目标的各种计划和排序的偏好,以及实现特定计划的自主性和意志力),就是具有理性选择能力的个人,而他的选择便是理性选择。在强调个人主观性的情况下,只有个人才能理解自己为何要如此选择。

现实中的个人是否都具备这三个条件呢?其答案是肯

第三课 交换，扩大了消费选择

定的，因为这三个条件也是区别人与其他生物的关键条件。虽然人与人之间有差异，而且就每个人来说，其目标经常不明确，意志力也不够坚定，计划的排序总是迟疑不定，但三个条件的框架是清清楚楚存在的。因此，只要是在生理上和心理上发展到一定成熟程度的个人，比如普通成人，就具备这三个条件。普通成人只要不受药物或外力的胁迫，他的选择就是理性的。个人的表现差异则主要与他所拥有的知识和经验的内容有关。由此，我们也可以得知：个人知识或经验的较大改变会改变个人的选择内容，但不会改变这三个条件。

所以，当我们看到老陶突然冲向滂沱大雨，伸开双手，仰天长啸的时候，我们可能会说"他疯了"。他是真的疯了还是我们并不清楚他行动的目标？如果仔细思量，或许老陶等待天降甘霖太久了，又或许这是他的求婚怪招？对一位正常的成人来说，他的选择总是合乎理性。

老陶的选择合乎理性，并不等于老姜或其他人会接受他的选择。每个人都有自己的目标与偏好，而理性选择旨在强调个人选择的自主性——不必接受来自哲学、神学或其他学科的干预。

把立足点放在个人的定义上，让经济学有能力摆脱许多困扰哲学家的难题，譬如传统的电车难题。一位电车司机快速开着电车，来到铁轨分岔处，望见右边铁轨上有一群玩得不知电车已来的孩童，左边铁轨上是他的孩子（不知电车已到）。这时，司机发现刹车系统已坏，他应该选择走哪一边？对经济学来说，司机是真实的个人，有自己的主观偏好，也知道在偏好下的排序。虽然任何一种选择都会造成遗憾，但其选择和意志下的行动是很确定的。

第四课

合作，
开启我们的文明

第四课　合作，开启我们的文明

一、知识点

利得、收益、合作、规模报酬、分工、文明。

二、特色

用交换的例子引出合作、分工和文明。

三、课程逻辑

1. 经由交易，即使资源总量变少，个人的效用也都能提升。

2. 交易后，个人重新安排（配置）收益和消费，生产新财货，并提升社会效益。

3. 经济学对"文明"的定义是："一套能让个人不断积累新的利得并扩展消费选择的制度，以及与其相关的发展过程。"

4. 合作也是制度，能带来规模报酬递增，也能创新技术和发明新机器。

5. 文明离不开个人参与各种制度，并在制度下进行分工。

收益与文明

老陶在终南山的生活并没比在省城轻松,虽然他每天工作不少于12小时,但他觉得现在快乐多了。虽然耕种和养鹅都是劳累的工作,但没有上班时的业务压力。在山上住了一阵之后,老陶觉得自己隐居终南山的决策是对的。他明白,隐居山林是自己的决策。现在的幸福是他勇于改变现状的结果,这是他个人的私事。

不过,他和老姜的财货交换,不再是他个人的私事,而是两个人的互动。上一课提到,他们借由"交换"这种制度扩大了各自的消费选择范围,提升了各自的效用。经济学称因交换而提升的效用为"利得"。

习惯上,"利得"专门指个人参与制度而提高的主观效用。

集市也是一种制度,因为参与集市的人都愿意接受交换这一行动下默认的规则。老陶在集市购买棉袄度寒冬,让自己在寒风中免于受冻。这是他从交易中获得的"利得"。

获得利得让个人生活更加幸福,带给个人更高的效用。这是"文明"的最基本意义。文明的价值必须展现在个人的真实生活中,并能提升个人的幸福。制度是人们情愿参与并遵循的一些行动规则和互动方式。个人情愿参与,意味着他对获得利得的期待。于是,制度就构成文明的核心,除非情愿参与的条件被破坏。

资源总量

接着,我们问:交换制度会对(由两个人构成的社会的）资源总量带来什么影响呢？我将可以客观衡量的变化称为"效益"，这种"效益"不同于主观的"利得"。

假设老陶和老姜达成的交换比例是"一只鹅换三条鱼"。交换后，老陶少了一只鹅，但多了三条鱼；老姜少了三条鱼，但多了一只鹅。鹅转给了老姜，鱼转给了老陶，资源总量并没有改变。经由交换，两个人的效用都提升了，但资源总量没变。

如果交换需要费用呢？我们想象以下的情境。假设在两个人相遇的那天，老姜本来打算给他的一位老友送鱼才经过老陶的家。老姜的家离老陶的家是有一段距离的，而他捕鱼的地方就在自家附近的小溪。他从自家提着鱼，走到老陶的家，通常鱼会在路上死掉四分之一，也就是四条鱼只剩下三条。假设老姜第二天又想和老陶交换，便去捉了四条鱼，然后走到老陶的家。就资源总量来说，在这次交换前后，鹅的总

第四课 合作，开启我们的文明

数没变，鱼的总数少了一条（在路途中死了一条）。虽然资源总量损失了一条鱼，但两个人的效用都提升了。

这个结果不是魔术。古话说："山不在高，有仙则名；水不在深，有龙则灵。"人的消费效用是主观的，若人们能消费到对的财货或财货组合，那么效用便会提高，其次才是消费的财货数量。对老姜来说，每天吃"六条鱼"的效用，比不上每天吃"一条鱼和一只鹅肉"这一组合。老陶的消费偏好也类似，他把酸汤鱼看成人间美味。一般而言，只要资源总量不因为交换而减少太多，两个人就都能从交换中获得利得。

利得是新增的效用，仅存在于个人。老陶和老姜都通过交换获得利得，但我们无法计算和比较两个人各自获得利得的多寡。因此，我们也就无法评估交换（或其他制度）能带给（由他们两个人所构成的）社会多大的利得。"社会"是企图概括个人的集体概念，是一个意义混乱的建构概念。当谈及"社会总人数"时，因人口数可以客观相加，故这不成问题。当谈及"社会利得"时，因为个人利得无法加总，所以这不妥当。当谈及"社会效益"时，这里的"效益"只有不包括个人的主观效用时才有意义。

不过，制度带来的客观性变化有时也能够评估，并被称为"利益"。我们先回想，在劳动法规定老陶每日工作不得超过10小时后，他就用还有精力的2小时去种菊花。这些菊花因劳动法而被生产出来。当然，不计算效用的话，劳动法减少了老陶上班2小时的工作产出，但增加了菊花的产出。我们可以罗列出劳动法对产出结构的各项影响，但无法直接把工作的产出和菊花数目加总起来。习惯上，我们会用"效益"一词去称因交换而获得的主观利得和可以评估的客观利益。

第四课　合作，开启我们的文明

回到老姜的故事。他在享用鹅肉后，觉得即使用五条鱼换一只鹅也值得。假设在交换前，老姜每天都会捕六条鱼回来享用。现在，他认为享用"一条鱼和一只鹅"的效用高于享用"六条鱼"的效用。因此，他只需要去捉五条鱼，然后拿出四条鱼去换鹅（因路途中会死掉一条鱼），就可以享受"一条鱼和一只鹅"。

老姜每天省下多捕一条鱼的时间和精力，这使他能够在菜园边另外开辟一小块地，种上两棵西红柿和一排小白菜。在交换刚开始的时候，老姜还会心疼那条死在路途中的鱼，觉得交换有点浪费资源。但现在，他新增了西红柿和小白菜的生产。每天的餐桌上，除了"一条鱼和一只鹅"，又多了一盘炒小白菜和一碗西红柿汤。这是老姜在交换后重新安排时间和精力的结果。他发现，交换制度带来的效益远比当初想象的大。（当然，老姜也可以用省下来的时间去养鸡。）

老陶呢？虽然他的消费效用提升了，但鹅的数量并没有改变，也就是工作的时间和精力消耗并没有改变。我们假设一种情境：老陶用餐时喜欢配上美酒。交换后，他可能会想："我从酸汤鱼所增加的效用，足够补偿少喝几口美酒的效用损失。"是的，他可以少喝几口美酒，仍维持原先的效用。这样的话，他可以节省一些购买美酒的支出。

为什么要减少美酒的支出？理由是：他真的爱上了酸汤鱼，希望用省下来的钱去买可以提升酸汤鱼品质的烹饪设备和材料，也就是"投资"。

更重要的是，老陶发现以后每天都可以交换。不仅如此，其他人若知道他们因交换而获得利得，也会模仿他们。交换制度一旦被发现，就会在空间上散布出去，在时间上代代相传。这样的效益会有多大？仅就老陶来说，随着设备与材料的每日改善，还有一点一滴的技术改良，他对酸汤鱼的烹饪技术会越来越老练，甚至开发出了不同的口味。

第四课　合作，开启我们的文明

交换制度带给社会的效益，在于个人可以重新配置他从交换中获得的利得，并以部分利得去取代原有的消费效用，然后挤压出这些消费效用所需投入的时间与资源，再用于生产其他财货或进行其他投资。在动态上，制度一旦被创造或发明出来，就可以在时空上累积和扩散，从而推动文明的进步。当然，文明不会只带给特殊的个人或人群更高的效用，其影响可达社会上的每个人和人们的世世代代。所以，经济学给"文明"的定义是："一套能让个人不断积累新的利得并扩展消费选择的制度，以及与其相关的发展过程。"

合　作

在老陶隐居前，他的同事曾警告他得防范他人的欺骗、偷窃或抢劫。同样地，老陶在看到老姜提着鱼时，也可能浮现欺骗、偷窃或抢劫的念头。用这些手段夺取他人的财货，绝非他人所能接受。只要有一方不是出于情愿的互动，就不能称为合作。合作必须是双方都出于情愿的互动。

在交换或交易下，参与者都出于情愿，因此，交换和交易都属于合作。这类合作方式完全不同于传统上我们认定的"手牵手、心连心"那类。那类合作的例子有很多，譬如农场、工厂或公司的工作。在这些例子里，大家有着明确的生产目标，在生产过程中需要彼此的互动，同时也接受相同的管理。我们称这类合作方式为"合作生产"。

老陶和老姜对鹅和鱼的生产并非合作生产，因为他们有着各自的生产目标和独立的生产计划。他们在生产之后利用交换制度把自己的产出交给对方。交换之所以算合作，是因为老陶消费的鱼是老姜生产的，而老姜消费的鹅是老陶生产的。交换或交易的合作方式称为"生产后的合作"。

第四课　合作，开启我们的文明

合作生产能带给社会生产上的效益。被称为"经济学之父"的亚当·斯密在《国富论》中提道："如果一个人在家里自己制针，从拉长铁丝、端正、切断、磨光到磨其顶端，都得自己完成。这样，他一天制一枚针恐怕都有困难，何况要制20枚？但是，在雇用18人的制针工厂，工人们并不是各做各的，而是以分工方式进行合作生产。一人拉长铁丝，一人使之端正，第三人专事切断，第四人只管磨光，第五人磨其顶端……这样，制针的重要工作，大约分为18种独立工作。因此，每人每天可以制针4800枚。合作生产让每个人的产出增长超过200倍，从20枚提升到4800枚。"

18人　　每天能制造　　4800枚针

这18个每天独立做不出一枚针的工人，怎么可能仅靠着分工就能生产出4800枚针？亚当·斯密也注意到这一问题。他赶紧补充说："每个人的产出增长超过200倍的最重要原因在于，在分工精细的制造业，工人为了使自己的工作更加轻松，会有意无意地发明新的机器。"换句话说，他注意到了"新机器的

第四课　合作，开启我们的文明

发明"。是的，只有利用新的机器，工人才可能使生产力提升200倍。

但是，以今天的观察，工厂员工普遍缺乏"有意无意地发明新的机器"的动机；若有，也是极为罕见的。但作为经济学原则的现象，必须具有普遍性。既然员工不太可能为工厂发明新机器，那是否有可能给工厂提出有价值的生产改进计划呢？这是肯定的。30多年前，日本丰田汽车公司为了改进生产质量，用奖金鼓励员工找出生产过程中任何需要改善的地方。丰田汽车公司的做法很成功，也被业界视作顶尖管理。但是，其效果也只能提升几成的生产率，远低于200倍。

分　工

今天的经济学家已明白，虽然亚当·斯密当时的观察没错，但他在陈述时没分清楚两种不同的分工方式："行业分工"和"组织内的工作分派"。就他举的例子来说，这18位工人各司其职，是组织内的工作分派。这种分工方式可能带来生产递增的效益，但无法发明新机器。发明机器是行业分工带来的效益。

组织内的工作分派，可以简化个人的工作内容、减少员工切换工作的时间和节省无谓的精力耗损。工厂规模越大，工作分派越能彻底。一旦固定工作做久了，工人的技能就会日益纯熟，个人的技能改进或小创意也会在同事间扩散。也有学者认为，当工厂的规模扩大后，工厂在购买原材料的时候，就可以享受到折扣优惠，并且在营销上占有一些优势。所以，"工厂每人的平均生产率会随着工厂规模的增加而提升"就成了普遍现象。经济学称此现象为"规模报酬递增"，其正式定义为："工厂增加一倍的投入，能带来超过一倍的产出。"以两个人的合作生产来说，若其

第四课 合作，开启我们的文明

合作产出比其单独生产的总和更多，就存在"规模报酬递增"的现象。

规模报酬递增并不是一种可以长期持续的现象。对一家要扩大规模的高科技公司来说，最简单的方式就是复制现有模式的工厂，雇用相同素质和数量的工程师和管理人员。若公司还能发挥上述规模优势，产出就能出现规模报酬递增现象。然而，随着类似工厂一家又一家地复制，新工厂是否还能继续雇用到同样优秀的员工呢？如果不行，产出就会开始出现相反的规模报酬递减的现象。

行业分工是指，不同行业的经营者，虽然只计算自己的经营利益，却能在经营上与其他行业的经营者彼此协调。也就是说，他们在市场竞争中自负盈亏，提供不同于他人的商品或服务，从而维系整个社会的运作和发展。老陶到集市购买棉袄就是很好的例子：卖棉袄的商家想的只是自己的经营利益，但其产品能帮助老陶度过寒冬。老陶和老姜的交换也是如此。在老姜每天捕的五条鱼中,只有一条鱼是给自己享用的,其余的都是为了交换鹅。我们可以预见,为了换取较肥硕的鹅,老姜会努力去寻找更肥美的鱼。

行业分工下的经营者,在面对市场竞争的严酷和自负盈亏的压力时,为了确保能获取较大的利润,会设法和其上下游的企业保持协调,也随时会搜集竞争对手和替代商品的动态信息。为了提高竞争力,他们可能将熟练的技能和市场信息转化成更精简的程序,或者推出新的机器。

本课小结

交换是一种行动互动,以两个人愿意接受为前提。我们把这类行动互动称为"制度",个人参与制度就是合作。工厂式的生产是合作生产,交换则是生产后的合作。两者都会在分工下带来更大的效益。生产后进行合作的分工是行业分工，人们会在市场竞争下寻找技术突破和发明新机器。合作生产是组织内的工作分配，也会发展出规模报酬递增的效益。

在今天的商业社会，这两种分工同时存在。不管是生产后的合作制度还是合作生产制度，个人只要参与这些制度，与他人合作，就能为自己带来收益，并为社会带来效益。文明的车轮，就这样滚滚向前。

拓展延伸

总产出的计算

我们可以罗列出劳动法对产出结构的各种影响，但无法直接把工作的产出和菊花数量加总起来。如果老陶当年的工作是审核客户的申诉案件，我们怎么可能把菊花的栽种数量和案件的审核数量相加？但读者可能会问："国内生产总值（GDP）不就是把各种商品的产出加总起来吗？"是的，但它不是加总各种商品的产出数量，因为把汽车的数量和运动鞋的数量相加在一起是毫无意义的。

国内生产总值是以各种财货的市场价格为加权数，加总各种商品的产出数量而得出的一个数字。因为商品数量乘上加权数之后，其单位都化成了"元"，而不是原来的（汽车的）"辆"和（运动鞋的）"双"，这样它们就能加总，而加总出来的数字的单位也是"元"。

加总所得的数字有何意义？这取决于所搜集的价格和数量的原本意义。如果搜集的是会被消费者直接消费的商品的数量，而使用的价格又是百货公司的售出价格，那么加总出来的数字便可代表"国内生产总值"。如果搜集的都是出口商品的数量，而使用的价格也是出口时登记的价格，那么加总出来的数字就代表"国内出口总值"。只要多加注意，我们就不会对加总的数字做出错误的判读。

除了使用的数字的意义外，如何衡量该意义也是一个大陷阱。譬如"失业人口数",看似比国内生产总值的计算更简单,因为计算的单位就是单纯的"人"。问题在于如何定义"失业"?经济学家争论过以下问题:不想工作的人算不算失业?一天只工作两小时的人能算就业吗?全职但没有工资的家庭主妇算失业还是就业?学校的学生应该算就业还是失业?所以,当看到失业率的数字时,我们一定得先查清楚该数字对争议问题的处理方式。

30多年前,日本政府为了规避国防支出预算的总数而在预算编列之前更改统计法,让新编列出来的国防支出预算占国内生产总值的比例小于1%,因为宪法规定该数值不得超出这个比例。其实,很多国家为了掩饰国防支出,都会将武器方面的研究发展经费和军事学校的教育经费从国防预算中移除,分别并入研究发展预算和教育预算。

当然,最重要的一点是,这些能衡量出来的都是客观的数字,而客观的数字只能说明他们曾经努力过。但是,正如正文所提到的:"人的消费效用是主观的,若人们能消费到对的财货或对的财货组合,那么效用便会提高,其次才是消费的财货数量。"只有努力的方向对了,人们才能增进财货的效用。

不同合作生产方式下的分工

正文提到两种不同的合作方式。一种是大家分享相同的生产目标、接受安排好的生产计划、在管理单位下手牵手进行的"合作生产"。另一种是个人有各自的生产目标、有独立的生产计划、经由市场交易完成的"生产后的合作"。这两种合作方式都能够提升个人利得并增加社会产出。然而,它们对社会进步的影响并不相同。

"生产后的合作"是亚当·斯密提出的。不过,他喜欢用的词是"分工"。参与分工的厂商自行决定要生产的商品(或资本品),然后在市场中寻找需要商品的交易对象。这些厂商盈亏自负,如果没找到交易对象或没有人喜欢其商品,就得不到任何的利得。为了能在市场竞争中生存,厂

第四课　合作，开启我们的文明

商必然要走上专业化的道路。分工下的工人需要自己寻找不同工资的工作机会。劳动市场也是竞争的，工人必须走上专业化的道路。他们在厂商内必须接受厂方的管理，但可以自己决定是否离职。

"合作生产"是李嘉图提出的。不过，他喜欢用的词是"比较优势"。比较优势的意思是，工厂的管理者会根据工人的相对禀赋去安排工作，以便使工厂产出最大化。最容易理解的例子就是政府机构。政府会给职员安置一个最有利的位置，而不是让他们去挑选。就厂商（公营事业）来说，政府也会依据比较优势原则去分配厂商的生产任务。由于一个人或一个工厂不可能什么事都揽下来做，因而当他们也只做一部分工作时，这就常被误以为也是分工。其实，这只能叫作"分职"，因为他们没有工作选择的自由，也没有承担盈亏的责任。

由于没有承担盈亏的责任，分职下的厂商和员工也就失去动机去发挥企业家精神。当然，有些机构会设计出一些奖励机制，但因先天上无法展现企业家精神中最重要的精髓——"成功便成巨富，失败沦为游民"，无法唤醒人们那种"大丈夫当如是也"的雄心壮志和大无畏行动。

既然不必承担盈亏的完全责任，分职下的员工和厂商自然感受不到市场的竞争威胁，很快就会失去追求进步的动力。一般而言，他们的比较优势只表现在求职之时，在进入机构之后就不再有所改变，尤其是相对于市场机制下的员工。回顾求学时代，他们都是非常勤奋的（才可能获得这份好工作），但进入机构之后还继续怀抱初衷的人已所剩无几。这个结果将让许多设计精妙的产业政策失效，因为旧员工固然没有能力推动这些政策，而新招募的员工也只有短暂几年的勤奋期。如果产业政策还期待要与时俱进或动态调整，那更是缘木求鱼。

第五课

竞争与利润

第五课　竞争与利润

一、知识点

竞争、利润、异质商品、经营能力、产业结构。

二、特色

以终南山开店事迹引出市场的运作逻辑。

三、课程逻辑

1. 企业的经营利润会带来新的竞争，尤其是异质商品的竞争。

2. 经营能力是获得利润的必要条件。

3. 追求利润是企业家必须遵循的商业规则，而不是他的行为动机。

4. 利润可以评估企业家的经营能力，也决定了产业结构的健康发展。

开 店

老姜看到老陶穿着新买的棉袄，连番称赞棉袄的做工精细，新棉袄远比自己缝制的好看。老陶谈起在集市的见闻，也讲到讨价还价的经过。老姜叹了口气说，他想换一个生活方式，到集市开家小店。老姜擅长捕鱼，但山上的人大多会捕鱼，不会有人要买他捕的鱼。

最近逛集市的外地游客增加不少，应该与最近终南山相关的词条上热搜有关。老陶说：终南山的溪鱼鲜嫩，开家专卖酸汤鱼的小餐馆，生意应该不会差。老姜说他会捕鱼，却不会烹饪。老陶说自己冬天农闲

第五课　竞争与利润

时,可以教他手艺和几道自创的菜。老姜很高兴地接受了。整个冬天,老姜哼着歌,踩着厚雪,前来跟老陶学习烹饪。

寒冬已过,老姜拿出所有积蓄,也接受老陶的部分投资,在集市开了一家"酸汤鱼小馆",把服务对象锁定在终南山的外地游客上。他想:只要年底有盈余,就能继续经营;如果连续亏损两年,就把店关了,回归田野生活。开了店,他就不能空想与闲谈。任何的计划,都得面对市场的严酷检验。

老陶也提到,现在已进入网络时代,省城来的游客大多会先上网搜集信息,草拟几个旅游方案再选择。老姜必须在他们出发之前,就让顾客知道他能提供他们需要的财货,方能说服他们来店消费。还有,他还需要在展示财货和说服客户前开发潜在用户。

老姜听明白了。在网络时代,人们能参考的信息比以前多。因此,来店里的客人都知道自己来店里消费的理由。为了不让他们失望，老姜的店除了卖酸汤鱼，也提供终南山特有的野菜。再加上美化过的店面，游客在网上留下许多好评，这家店成为人们在终南山吃酸汤鱼的首选。

竞 争

幸运的是，老姜撑过了两年，每日来店里用餐的游客数量也在增长。其实，他在第一年就赚到盈余，并利用这笔不算多的盈余美化店面。美化工程是村子的闲谈话题，这也吸引了几位村民在集市开新的酸汤鱼餐馆。这些新餐馆大多撑不了一年。对于这些店，老姜起初只是防着，但不久就释怀了。

这些店看到老姜的生意不错，也想分一杯羹，但并不明白游客到店用餐时的期待。老陶在上班的那段时间，曾多次外出考察，理解游客虽然也想省钱，但到了特殊景点,还是愿意多花一点钱的,尝一尝当地的特殊口味。于是,老陶给老姜提出两点建议:一是以终南山本地的材料去调味,让酸汤鱼带上终南山特有的风味;二是提供"一鱼多吃"的"酸汤鱼套餐",让游客觉得套餐的价值远高过家庭菜。这两点建议都"结合不同的服务",去改变消费者对酸汤鱼的固有印象和偏好。

原来的酸汤鱼是"财货",财货和服务的结合品称为"商品"。每一道酸汤鱼美食,都是厨师烹调手艺下的商品。不同厨师推出的酸汤鱼,不论结合哪种调料或佐料,都是异质的商品。村民卖的酸汤鱼和老姜卖的酸汤鱼,也是异质商品。但消费者感觉不出这些商品之间的差异,村民才以低价去抢市场。

由于个人偏好的差异,只要商品的差异够大,商品就会形成各自的粉丝群。这时,小的价格差异改变不了粉丝的忠诚度。商品的差异越大,粉丝越忠

诚。"竞争",作为名词是消费者对商品忠诚度的变化,作为动词是企业家企图改变消费者对商品忠诚度的行动。

消费者如果无法区分出商品的差异,就不存在忠诚度,企业家此时只能利用低价策略去竞争。想要粉丝的忠诚度不低，企业家必须有大幅度降低生产成本的本事，才能进行低价竞争；否则，企业家只能提供让消费者更为动心的商品。而相对容易的方式，就是将新的服务结合到消费者忠诚的商品上。手机的异质化竞争，一直就是走的这条路。

异质竞争

老姜从游客口中得知，终南山沿线也有不少好餐馆，这些餐馆留住了许多游客。这些餐馆才是老姜的竞争者。然而，他并不知道这些店开在哪里，也不清楚他们的餐馆卖的是什么。

直到上一年年底，一对年轻夫妻在老姜的店附近开了一家"陕西面食馆"。这家店的规模不小，店内设计也相当考究，可以说融合了现代与传统风格。残酷的竞争开始了。

老姜这时才明白,之前和村民开的酸汤鱼店的竞争,若说是"竞赛"会更精确。竞赛发生在同质商品之间。当然,不会有两种商品是同质的。譬如,老姜就把不少服务结合到酸汤鱼上,让他的酸汤鱼店不同于其他店家。严格地说,"同质"是指替代性非常强的两种商品。通俗地说,当老姜的店要排上半小时才能入席时,你会毫不犹豫地说:"我们吃隔壁这家吧。"

同质商品的竞赛都非常激烈。譬如,在终南山,那些村民的酸汤鱼店甚至会运用各种各样的方法在店门口吸引顾客。其中的原因主要是,他们在争取同一顾客群,这是一场"你赢我输"的竞赛。

另一种形态的竞争是在异质商品之间展开的。这里的异质商品是指,这些商品看似差异很大,却都能满足行动者的当时目的。这些商品存在某种程度的替代关系,就像陕西面食馆对老姜酸汤鱼的竞争。历史

第五课　竞争与利润

上一个有名的例子：20世纪70年代初，国际油价因埃以战争大涨，提高了国际度假费用。在这段时间，钻石行情也上涨，因为新婚夫妻选择以钻石和国内度假替代国际蜜月旅行。几年后，当油价回稳，趋势又反转过来。

追求利润是规则

老姜想起创业的初心，只是不想继续隐居山野，所以在经营上就没有那么注重利润，只求能继续开店。或许是隐居太久，他也有看不起"追求最大利润"的心态。

陕西面食馆的那对年轻夫妇的手艺不错，又用心经营，上一年赚了不少钱。他们用赚来的钱去省城招聘了一位名厨，所以到陕西面食馆的客人就更多了。老姜担心这家面食馆的利润会不断增加，然后面食馆又用利润去改善各项服务。如果老姜没有赚到足够大的利润，那么竞争优势将不断流失，老姜的店迟早会被迫关门。

　　老姜后悔过去对利润的误解。过去，他明白企业的经营能力强，利润就会大，反之利润就会小。但现在他知道，当企业面对竞争时，经营能力必须转为相对概念。若经营能力相对强，利润就会更大；若经营能力相对弱，那么利润不只是变小，企业更可能转为亏损。所以，市场竞争不只是经营能力的竞争，还表现为利润的竞争。企业若不希望被淘汰，那么只求强化经营能力是不够的，必须"追求最大利润"。追求最大利润，不是企业家的逐利心态，也不是企业家经营企业的动机或哲学，而是企业家若要踏入商业社会就必须遵循的商业规则。

经营能力

企业家的经营能力是赚取利润的必要条件。那么，企业家的经营能力包含哪些呢？第一，理解消费者需求的能力；第二，利用原材料和生产要素的能力；第三，掌握当前生产与营销技术的能力；第四，预测未来市场的能力；第五，对投资计划的判断能力。企业家的这些能力虽然无法在经营之前评估，但在事后会综合地表现在单一的利润指标上。

老姜的店如果连年亏损，就表示他无法让使用的生产要素发挥足够大的生产效率，只好退回一些生产要素，缩小规模，集中经营。再不然，店铺就只好退出商品市场，并退还所有的生产要素。经营能力强的企业家在看到要素市场的供给量增加时，会抢购这些生产要素，扩大商品的生产。当这些被退还的生产要素从低生产效率的企业流向高生产效率的企业后，该产业的整体生产效率将会提高。

因此，利润也是一只"看不见的手"，将生产要素从低生产效率的企业推到高生产效率的企业。它捍卫着生产要素的生产效率，保障它们能发挥最大的作用。

产业结构

目前，我们讨论能用货币来衡量的货币利润。因

第五课　竞争与利润

此，只要产业范围能定义清楚，我们就能加总各个企业的货币利润，从而得出该产业的"总利润"。

我们利用"总利润"这一概念，重复前文的论述。假如某个产业连年亏损，这就意味着该产业正在走下坡路。亏损的企业家会退出市场或缩小规模，该产业的规模便随之缩小。于是，该产业会释放部分的生产要素。这时，在总利润为正的产业，部分企业家就会出来抢夺这些生产要素，扩大企业和产业的规模，从而改变不同产业的相对规模。

产业规模的相对调整称为"产业结构调整"。产业结构是各行各业的企业家在按照其利润调整其经营规模而自然呈现的产业相对规模。这样的调整既反映了消费者对不同产业偏好的改变，也反映了他们对不同企业家偏好的改变。

本课小结

这一课讲述了市场运作中的竞争和利润。为了留住客户，企业家会全力满足顾客需求，提供更优质的异质商品。这就是我们常说的市场竞争。在竞争中，企业家只有展现经营能力，赚取利润，才能生存。

当亏损的企业退出市场时，利润较大的企业会接手其生产要素。类似地，对总利润不断萎缩的产业来说，其释放的生产要素也会流到总利润增长的产业。利润让产业结构得以健康调整。

的确，有太多人因为不理解市场的运作逻辑，而对利润误解颇深，甚至以道德去批评，或者以政策去限制。若利润指标受到人为干预，生产要素在企业间的配置就会出现错误，其结果将导致企业无法有效生产，还会导致产业结构的严重扭曲。所以，每位经济学家都有义务把利润的功能说清楚。伟大的经济学家米塞斯就曾严厉地说:"不敢捍卫利润,就不是真正的经济学家。"

拓展延伸

利润的计算

正文提道:"目前我们讨论的利润,是能用货币来衡量的货币利润。"这是不是在说,利润也可以不用货币计算?我们来仔细讨论一下。

首先,我们来看经济学(及企业)一般是怎么定义"利润"的。假设商品不必缴税,也无库存,利润就是商品出售的总收益扣除制造该商品所投入的原材料(和能源等)的费用,以及制造和营销中所使用生产要素的费用后的剩余。这个剩余如果是负的,就称为"亏损"。在这里,原材料是完全买断的,因为生产之后就只会剩下残渣。生产要素(土地、资本、劳动力、企业家精神、技术授权)只能从市场中租赁，因为生产之后必须物归原主。换言之，商品的生产会耗尽原材料，但仅使用生产要素所提供的服务。

上述是用货币来定义和衡量的利润。如果在一个没有货币且以劳动力进行交换的社会，利润需要怎么计算呢？是不是把货币单位的"元"改为时间单位的"小时"，就能继续去定义和衡量了？是的，历史上的确也发行过以小时为单位的"劳动交换券"。假设老陶获得的利润为"1000小时"，是不是意味着他赚到不必工作的1000小时？这不就是休闲时间吗？

休闲时间不是效用，但休闲是效用。于是，我们联想到，老陶之所以要获取利润，是为了享受1000小时的休闲效用。不是吗？

于是，经济学家认为利润包含主观和客观两部分：客观部分就是货币利润，而主观部分是企业家在生产过程中享受的快乐（设定目标、自主经营、经营理念、享受成果等多种快乐）。假设老陶计划扩大他的菊花园，就雇用老姜

第五课 竞争与利润

来帮忙,并答应次日去帮老姜一起捕鱼。老陶是以他次日的时间去雇用老姜,他的利润就是他利用两个人的生产合作所获得的效益(欣赏更多菊花的效用)。

如果他们不是以工作时间交换,而是以货币交换,那么老陶为了支付给老姜工资,就必须卖掉部分菊花。由于生产合作能形成规模经济,老陶只要卖出部分菊花,就够支付工资,而剩下的货币就是货币利润。老陶卖出的菊花越多,剩下的货币利润就越多,但是能用来享受的菊花数量就越少。所以,货币利润和主观利润的配置,取决于老陶的偏好和计划。

正文也提到,如果市场竞争激烈,老陶就得遵守"追求最大利润"的规则。这里的利润指的是货币利润,因为只有通过货币利润才能购买新的设备。这里的最大利润,指的是老陶必须将所有增产的菊花都卖掉。在激烈的竞争下,老陶无法在生产过程中提高他对种菊花的享受。不过,只要赚到利润,他就可以从市场上买回一些自己生产的菊花,也可以去买他人生产的牡丹。

所以,如果是自给自足,那么一切生产都是为了主观的享受。但若需要进入市场交易(商品、原材料、生产要素等),我们就需要获取客观的货币利润,因为只有这样才能购买或雇用他人拥有的资源。

市场机制的"三位一体"

虽然市场很早就有邮购商机,但20世纪末开始才接连出现网购、平台经济和共享经济等新事物。因而,了解市场机制的动态增长就成了经济学家的最大议题。然而,不论在什么时代,我们对市场的理解都像极了寓言中的"盲人摸象",各见精辟,却又各有盲点。

目前,经济学界对市场的理解不同。新古典经济学着重于市场的均衡和在均衡下调整的特性,凯恩斯主义的学者关注政府干预政策的影响。而对主张自由市场的经济学者来说,市场真正的特征在于它的动态发展。即使专注于

第五课 竞争与利润

理解市场的动态发展,学者们依然只能分别从大象(市场)的象腿(竞争)、象耳(利润)和象鼻(企业家精神)找到切入点,探索对大象的整体理解。因此,竞争、利润和企业家精神可以说是探讨市场机制的"三位一体"。

市场是一个自由开放的平台,任何人都可以选择以他喜爱的身份(消费者、生产者、中间商等)进出市场,进行各项商品或生产要素的交易。一旦类似的商品同时出现在市场上,竞争也就出现了。摸着象腿思考的经济学家,会告诉我们竞争的方式,以及竞争会引发的各种效应。

"竞争",作为名词是商品在市场平台上的动态调整,作为动词是生产商品的企业家的行动。企业家为何要以特定商品进入市场?进入时机怎么选择?如何生产和营销?是否还有更出乎预料的计划?这些问题都是摸着象鼻思考的经济学家要告诉我们的。

企业家为何如此积极和辛劳?摸着象耳思考的经济学家会告诉我们这个人类的最大秘密:利润驱动着企业家行

动。那么，什么是利润？如何计算？利润对个人、个别企业、产业甚至整体经济的影响如何？这些都是自由市场的核心议题。

第六课

均衡与创新

第六课　均衡与创新

一、知识点

均衡、创新、企业家精神。

二、特色

由老陶换手机引出均衡与创新。

三、课程逻辑

1. 当市场新推出的商品没有太大亮点时，该产业的市场结构正处于"均衡"。

2. 在均衡下，异质商品市场的结构是两三家大企业和一些中小企业。

3. 不断有人想打破均衡结构。

4. 打破均衡结构，从重新定义财货开始，称为"创新"。

5. 创新的目标在于建立商业帝国。

进　步

老姜的酸汤鱼店挺过了残酷的竞争，生意越做越大。据说，他发现了一种终南山才有的草药，这种草药可以让鱼和汤的味道回味无穷。不久，他就在省城开了旗舰店。

继续隐居山野的老陶，这几年都靠着他的老手机和老姜联系。这台当年最新款的智能手机，用了这么几年就不好使了。于是，他准备去省城换部新手机，也顺便看看老朋友。

到了省城，老陶找到一家手机专卖店，服务员跟他介绍了几款新手机。他有些发愣。比起他的老手机，这几款新手机的屏幕大了两倍，分辨率提高了三倍，摄像头的像素也提高了三倍，内存容量竟然增长十多倍。至于在应用方面的进步，那就更不用多说了。他感觉到手机的进步太神速了。

这几年，在与老友的微信聊天中，老陶也意识到手机带来的生活变化，说这是一场社会性革命并不为过。回想起20年前，手机的小小屏幕才刚从黑白进阶到彩色，但朋友们已经迫不及待要把妻子、儿女的照片放进去。

这其实并不是什么新的需求，在电影中，就不乏这类感人画面。不同的是，电影中的照片是装在钱包里的，但钱包最多也就只能装两三张照片而已。虽然说物以稀为贵，但我们还是不满足，总希望能随身多带几张照片。那么，是谁帮我们实现了这个愿望呢？

挑战均衡

手机在1973年就问世了，之后就朝着便携和智能化演进。到21世纪初，手机市场已呈现出一般产业在相对稳定时的市场结构，也就是两三家大型企业后面跟随着十多家中小企业。

市场的本质是竞争，所以大企业必须不断推出新商品，以维持它在市场上的优势。只要还没有出现颠覆性的商品（或杀手级的科技产品），新商品就只是在功能上做些结合与调整，或更改外观设计。当市场上新推出的商品没有太大亮点时，我们就可称该产业的市场结构正处于"均衡"。（产业和市场是同义词，前者强调生产，后者强调交易。）

当市场结构处于均衡时，大企业提供的商品基本能满足普遍的消费需求，中小企业提供的商品则主要满足特定地区或特定人群的消费需求。当然，市场中

第六课 均衡与创新

不断有人想打破现行的均衡结构。这些企业可能是拥有一些特殊技术的中小企业，也可能是蓄势待发的新企业。它们的目标就是著名经济学家熊彼特所说的：打败现有大企业，建立一个属于自己的商业帝国。

20世纪90年代，全球手机产业的领头羊是摩托罗拉、爱立信和诺基亚三家企业。相对地，日本的手机制造商只能算中小型企业。2000年，日本的夏普推出第一部拍照手机。由于彩色色阶不高，分辨率也只有10万像素，因而该手机并没有冲击当时的市场。索尼

似乎看到这是可以打破均衡结构的新商品，便打算让拍照功能成为手机市场的竞争焦点。于是，索尼与爱立信合作，推出了200万像素和全彩色阶的拍照手机。几年后，该产业便发生了"帝国更替"：先是三星取代了摩托罗拉，接着是苹果推倒了诺基亚。

三星和苹果在称王封后之前都算大企业，更多的成功例子来自中小企业。根据管理学家克里斯坦森的研究，在网飞创立的1997年，主导美国影片出租市场的是百视达。百视达主打新片市场，每家分店一进新片就是十多部，随到随租，其资金非中小企业所能承担。网飞利用当时刚兴起的网络，以在线接口和邮寄送片为商业模式，其时效性远不如百视达，只能服务小众市场。然而，随着网络串流影音技术的成熟，网飞改以网络传递影片，以其多选择和低价格的优势，一举淘汰了百视达。

新商品或新的交易模式会给原产业带来更大的

第六课 均衡与创新

市场，这使得中小企业不容易一拳击倒巨人，但同时也让大企业无力阻碍它们的兴起。美国的优步和爱彼迎，就分别瓜分了出租车产业和连锁酒店的市场。

创　新

"向远地亲友传递信息"和"表达对亲人的思念"都是人类很早就有的欲望。谁不希望能以最简单的方式和最便宜的代价，将自己的现状和想说的话，以最清晰的原音和原图传递给对方，并能与之实时互动？创新的基本意义，就是改变实现欲望的方式。在这一方面，电话取代了书信，手机取代了电话，这些都是连续发生的创新。夏普让拍照手机同时满足这两种欲望，是更大的创新。

　　再以乔布斯在计算机方面所做的创新为例。目前的计算机采用的是"图形用户界面操作系统"。但

1980年的计算机系统可不是这样的，它是用键盘在银幕上输入一行又一行的IBM（国际商业机器公司）的DOS指令的操作系统。微软也曾以改良的MS-DOS取代IBM的DOS。由于操作这套系统需要熟记很多指令，又需要逐步编程，因而一般人只会处理简单的工作。

1984年，乔布斯推出图形用户界面的"麦金塔计算机"。IBM看到麦金塔计算机后，就赶紧于1985年推出了第一代"窗口式多任务系统"（Windows操作系统），该操作系统的推出也标志着图形用户界面时代的正式到来。这一情况是不是和拍照手机的出现类似呢？

图形用户界面实际上并不是乔布斯发明的，也不是IBM或微软发明的，而是施乐发明的。乔布斯在访问施乐时看到这套系统，认为这更能贴近消费者的使用习惯，于是立马就推出了麦金塔计算机，从而改变了人们使用计算机的方式。这就是创新。乔布斯一生的创新，都表现在简化消费者对计算机与手机的交互界面上。

有一则传言提到（真假不论），乔布斯看到有人大力敲打键盘，慨然叹道："不听话的小孩才需要'用打的'。"于是，他发明了取代键盘的鼠标。后来，苹果又发明触控银幕去取代鼠标。在他去世时，他的研究室也刚完成脑控输入的雏形。

想象的商业帝国

创新改变了人们实现欲望的方式，提升了使用者的效用，减少了使用者实现欲望的时间或精力。创新在以新商品形式出现时，只要带来的效益够大或够长久，就不会缺乏消费者。消费者购买了创新商品，就是接受了新商品对该项财货的重新定义。所以，创新也就是对财货的重新定义。

这一论述有些绕口,但意义非凡。帝国都有一套自己的论述,挑战帝国就得先挑战其论述。重新定义财货,就是要以新的财货概念去颠覆原有的商业帝国。

帝国疆界辽阔,商业帝国也不遑多让。商业帝国的基础是利润,因此,企业家需要想象其创新商品能垄断帝国疆域,从而拥有庞大的商机。想象先行,然后再挥军征服。

帝国总希望维持现行秩序,也就是现行的均衡。稳定的均衡是阻碍外敌入侵的最好方式。在经济学上,"稳定"的意义不是不受威胁,而是即使被攻破一角,也有能力击退来犯之敌。那么,中小企业家如何颠覆帝国呢?

缺口就在于均衡,切入点就是想象。就同质商品的市场而言,均衡就只是供给和需求的耦合或协调。

第六课　均衡与创新

既然都是同质商品，供需的缺口就会引导生产的调整，而过多的生产只会压低商品的价格。因此，同质商品市场具有稳定均衡的倾向。同质商品市场的另一大缺陷，就是在逻辑上会形成"赢者通吃"的现象。毕竟，对商品同质来说，只要有一方多具备一点知名度，其他的店家就全无生存的空间。因此，同质市场与其说是竞争的平台，毋宁说是竞赛的屠场。既然是竞赛，弱者也毫无翻身的余地。

幸运的是，同质只是分析上的假设，真实市场的竞争都是异质商品的竞争。异质商品拥有自己属性的部分垄断，对现有的其他商品都具有潜在的威胁。陕北面食店绝对无法抢走偏爱酸汤鱼的游客，因此，老姜只要尽力经营，就能与几家大企业以及其他中小企业共存。这是一个进可攻退可守的市场，只要想象力够大，老姜就可以不断深化酸汤鱼的特色，扩大酸汤鱼对其他商品的替代效果，从而逐步打造他的商业帝国。通俗来说，除了丰富相关的菜色和用餐模式外，老姜还可打造出各种文创商品和养殖旅游景区。

本课小结

这节课讨论了市场的均衡与创新。在同质商品市场，均衡指的是商品的供给和需求的均衡；在异质商品市场，均衡指的只是市场结构的静止不变，也就是市场新推出的商品并没有太大亮点。这时的产业由两三家大企业和一些中小企业组成。然而，异质商品市场的中小企业无时不在摩拳擦掌。它们大多杀气腾腾，随时都想突破大企业的防线，期待建立自己的商业帝国。

拓展延伸

企业家与企业家精神

正文仅称打破均衡结构、重新定义财货的过程为"创新",并未直接指出行动者为"企业家"。其原因是,"企业家"或"企业家精神"虽是流行用词,但在经济学的发展过程中,不仅内涵丰富,还具有神圣性。

经济学追求的是共同富裕的社会,但同时也恪守其核心原则:出于个人的选择与行动。经济学绝不强迫或威吓任何个人去行动,而是寻找人们可以合作的规则,说服个人参与,以实现共同富裕。当然,共同富裕也仅是一项原则,要求所有参与的个人都能够分享共同创造出来的收益或利润。至于这些收益或利润要如何分配,经济学只要求参与者共同制定。在自由参与的前提下,我们在逻辑上无法保证得出接近于均等的分配,但是一定存在"虽不满意但仍可接受"的底线。

那么，企业家如何实践这一神圣性？首先，企业家不具有强制性的权力，只能以说服的方式要求独立自主的个人参与。前几课提到，企业家追求的是主观的利润（包括他对商业帝国的愿景），但是必须以客观利润招募包括参与者在内的生产要素。其次，就人类发展的历史来说，除了合伙外，企业家在招募参与者时，即使商品还未制造出来或销售出去，仍必须先支付工资和其他生产要素费用。换言之，企业家必须承担未来的经营风险。最后，企业家以展示成品的方式让消费者决定是否购买，尽可能地让消费者获知商品的相关信息。（在法律保障下，市场出现不少商品预购、预售屋之类的交易模式，但经常因法务不清而出现纠纷。）

企业家具有神圣性的另一项成因，是人类对自己的生存负责。"企业家"这一概念最早可追溯至18世纪的法国。当时，法国以农立国，于是经济学家就根据人对土地的依赖关系将人区分为三类。第一类是拥有土地的国王、贵族、

第六课 均衡与创新

地主和自耕农,他们的生活依靠来自土地产出或地租。第二类是受雇于第一类人的官员、臣民、神职人员、教师,他们领取的固定工资也来自土地产出或地租。这两类人的辛勤都必须托付在大自然赐予人类的土地和由其掌控的风调雨顺上。第三类是商人、手工艺者、佃农、擦鞋童、乞丐和强盗。法国经济学家统称他们为"企业家",因为他们的收入和生计与土地没有关系,而是凭借着自己的智力、经验和勇气,在社会中辛勤谋生。的确,强盗并不是神圣的工作,但对启蒙时代来说,他们拒绝向神权屈服。

比较遗憾的是,亚当·斯密并没有提出"企业家"的概念,虽然他在写《国富论》时拜访过法国知名的经济学家。不过,也算幸运,亚当·斯密的法国粉丝最终还是将这神圣的"企业家"概念带入了经济学。

经过200多年的演变,经济学家们相信每个人拥有相似的天生属性,将法国传统的"企业家"概念发展成"企业家精神"。于是,不只是成功的企业家拥有企业家精神,经营失败的生意人、工人、农夫、官员、学生、主妇等也都具有神圣的企业家精神。当然，虽然每个人都拥有神圣的企业家精神，但是就和每个人都拥有独立自主的天性和"天上天下唯我独尊"的佛性一样，并不是每个人都能保证自己会珍惜和捍卫企业家精神。

目前，经济学家认同企业家精神的如下特点：第一，对现行商品与均衡的不快感；第二，对没有出现的利润机会的警觉；第三，对未来的判断力和预测力；第四，结合生产要素创造新商品的冲动。下一课将有更深入的讨论。

第七课

市场的生产结构

第七课　市场的生产结构

一、知识点

迂回生产、生产结构、企业家守护市场、创造性破坏。

二、特色

用老姜在省城开酸汤鱼旗舰店引出市场的生产结构。

三、课程逻辑

1. 需求增加后,企业为提高产量,会采用迂回生产的方式,先生产中间品,再生产财货。

2. 迂回生产加速市场的分工和专业化,并在不同生产阶段衍生独立的市场。

3. 每个生产阶段的市场,都有企业家在竞争中守护着市场的稳定。

4. 在企业家的守护下,创造性破坏仍不会对市场造成大的伤害。

迂回生产

老姜在省城的酸汤鱼旗舰店的生意特别好,他计划向其他城市扩店,憧憬着自己的商业帝国。

随着经营规模的扩大,过去的经营模式已经不再适用。当年在终南山集市开店时,店里用的草鱼与鲤鱼都是向隐居的好友们买的。他们每天清晨会去野溪捞几条鱼,然后拎到集市给他。在旗舰店开业后,不仅鱼的现捞数量供不应求,路途遥远也是问题。他只好向省城附近山村的渔夫购买。遗憾的是,顾客反映说,旗舰店的鱼肉品质远不如终南山店的好。老姜心里有数,其他地方的溪水毕竟没有终南山的甘甜。于

第七课　市场的生产结构

是，他回乡找老友们商议，决定在山中挖两个大池，导入溪水来养鱼。

老姜不打算从溪中捞小鱼苗回来，因为自然生长的鱼苗赶不上店铺扩张后的大量需求。他请老友们分成两组来养鱼：一是"幼鱼组"，负责从母鱼产卵到孵化成幼鱼；二是"成鱼组"，负责将幼鱼养殖到成鱼。

当市场对最终消费品的需求快速增加后，企业一开始的应对方式可能是复制原有的生产链。若效果不彰，企业就会试图生产新设备或更有效的原材料，再以这些新的"中间品"更有效率地去生产财货。这一过程被称作"迂回生产"，俗称"产业升级"。

迂回生产会带动市场走向专业分工，或更明确地说是行业分工。譬如，老姜的老友们从没想到酸汤鱼店会改变他们的生活。他们很乐意参加扩店计划，也自动地走向行业分工。行业分工的生产率较大，但需要足够大的市场规模来支撑。亚当·斯密提过这一点。另外,也有经济学家指出:市场规模的大小会限制行业分工的深化程度。

财货的生产结构

经济学把老姜在店里端给顾客享用的酸汤鱼称为"最终消费品",也就是不必再加工就可以立即食用或能够直接满足消费者欲望的财货。至于用来生产最终消费品的投入,前面几课都称为(会耗尽的)原材料和(必须归还的)生产要素。这类划分适合个别的生产者,但不适合描述整个市场的运作(因为太过简化)。于是,我们将生产最终消费品的投入根据生产过程的不同阶段重新予以划分。

首先,我们以最终消费品为基点,称其生产为"第零级生产",而称其产出为"第零级财货"(也就是最终消费品）。

其次，我们将生产阶段往上游追溯，称"第零级生产"的投入为"第一级财货"，而"第一级财货"的生产阶段为"第一级生产"。同时，我们也称各级生产出来而被作为另一级生产投入的财货为"中间品"。在酸汤鱼的例子中，"第一级生产"就是成鱼组的工作，将幼鱼养殖到成鱼。成鱼是"第一级生产"的"第一级财货"，也是"第零级生产"的中间品。

幼鱼组的工作是"第二级生产"，提供"第一级生产"的中间品——幼鱼，或称"第二级财货"。"第二级生产"是从母鱼产卵到孵化成幼鱼的生产阶段。越往上游追溯，生产的级数越高。这一定义和当前把高科技视为高阶技术的概念相同。所以，老姜在集市的生产是低阶生产，到省城后的生产属于高阶生产，因为他已经把第一级（成鱼投入）的生产提升到了第二级（幼鱼孵化）。

不过，读者请注意，生产结构是以当前考虑的最终消费品为基点的。这一基点随着关注的个人的嗜好、文化和收入而变动。譬如，对喜欢吃生鱼片的人来说，成鱼就是最终消费品，而幼鱼则是"第一级财货"。那么，老姜烹饪出来的酸汤鱼就只好称为"负一级财货"，因为"第零级生产"是切生鱼片。

市场的生产结构

现在回过头来看老姜的酸汤鱼的生产过程。酸汤鱼作为最终消费品，其第零级生产需要投入三项中间品：鱼肉、配菜、调味料。这三种中间品分别来自三条生产线：鱼肉的生产线、配菜的生产线、调味料的生产线。目前，鱼肉的生产线有两个阶段：成鱼组的第一级生产，以及幼鱼组的第二级生产。配菜和调味料都直接从市场采购。

那么，配菜和调味料是谁生产的呢？这就得走出老姜的店，到市场上去理解。当着眼于整个市场时，我们讨论的是整个市场的供需，而不只是老姜这家店的供需。

就酸汤鱼的市场来说，它需要成鱼、配菜、调味料三项第一级财货作为中间品。就成鱼这一条生产链来说，它需要幼鱼（第二级财货）作为中间品。只要市场对成鱼或幼鱼的需求足够大，它们就会各自发展成独立的交易市场。就配菜这条生产链来说，它是由酸菜、西红柿、木耳、生姜四项第二级财货组成的，而这四项第二级财货也同样来自各自的独立农场。至于调味料，那就更复杂，因为有些生产链还会向上游推至东南亚的香料市场。

这就是酸汤鱼市场的生产结构，它是由许多独立市场组成的，每一条生产链的每一级财货都可能发展成独立的市场。每个开放的独立市场都会有一群企业家参与其中，彼此竞争。他们有不少是从老姜的生产链辞职的，并以其专业自立门户，同时又成为老姜生产链的供货商。由于他们有机会以其专业自立门户，所以本课才偏向于称其分工为行业分工。

除了老姜的旗舰店外，省城还有几家卖酸汤鱼的店家。同样，省城也有许多养殖场生产成鱼或幼鱼。

虽然老姜和老友们有供需的契约关系，但并非其他的酸汤鱼店和成鱼养殖场也都签有契约。

企业家守卫市场

从生产结构来看，任何财货都不是单独存在的，而是内嵌在某一条生产链的某一生产阶段所发展出来的市场上。该市场上的企业家和竞争决定了该财货的供需、价格、质量、功能等。同时，这一市场也是这些企业家的利润来源，因此，他们在竞争中也会捍卫该市场的稳定与发展。譬如，当老姜的老友们突然无法提供足够的成鱼时，他们就会介绍老姜向其他养殖场调货。这一保障是双向的，不仅老姜不必担心成鱼的供给，他的老友也不担心成鱼卖不出去。

市场能提供的保障不止这些。想想那些渔夫，哪一位不是无微不至地在照顾他们养殖的鱼，他们关注着鱼的色泽、食欲、脾气以及养殖场的水温，就怕鱼生病了或养不肥。生产链拉得越长，就有越多的企业家在呵护着每一个市场的生产。任何风吹草动，都会沿着产业链由上级传到下级，或由下级传到上级。如果是好的信息，譬如发现更好的养殖方式，他们很快就会把信息扩散到整个产业链；即使是坏的信息，譬如出现导致鱼儿毙命的细菌，他们也会很快寻找替代

的鱼种。简单地说，在产业链的每一个阶段，或者每一个节点的市场上，都有许多企业家在守护着市场的稳定和成长，而市场也会回报他们稳定的交易环境。

创造性破坏

越是复杂的生产结构，企业家和市场的互动和互利也就越复杂。以汽车产业为例，它的生产结构呈树枝形状，像倒着挂的族谱。

如果把电动汽车当作最终消费品，那么该产业的第一级财货就有六项：电驱动系统、动力电池系统、刹车系统、车身、低压电器系统、轮胎。每一项第一级财货都是第二级生产的产出，譬如车身就需要车架、后车厢、车门、玻璃、座椅等第二级财货的投入。只要市场规模够大，任何财货都可能成为独立的市场，譬如汽车座椅或汽车玻璃。其实，连玻璃贴纸或天窗都已经有了独立的市场。

由于开放市场是一个发现和创造的过程，这些独立市场不时会出现新设计或新功能等创新。这些创新除了强化电动车在各生产阶段的质量外，也推动了电动汽车的演化。演化的背后，是市场各个结构中每一个企业家的贡献。

企业家的贡献有时也是跳跃式的。譬如电动座椅、电动车窗以及刹车系统等，就被跳跃式地改良过几次。每一次改良都会牵动各个生产阶段上游和下游的改变。在许多生产阶段发生过较大幅度的改变后，最终消费品为了追求整体设计的和谐，就会对整体进行重新设计。一旦整体重新设计，许多不必要再生产的阶段就会被删除。这一现象称为"创造性破坏"。

另外一种可能形成的创造性破坏是，企业家在熟悉生产结构之后，也想调整商品的定义。譬如，他们就从燃油车迈入电动汽车，并朝向可飞行和无人驾驶

第七课　市场的生产结构

等方向去重新定义。

电能就是最早提出来的改造方向，其发展会大幅改变燃油车的生产结构，譬如将原有的石化引擎和加油站等产业抽走，然后添加电力引擎、电池、充电桩等新的产业链。对于可飞行的改造方向，除了会在生产结构中添加"翅膀"的新生产链外，也会改变车身材料的重量。变动最大的是无人驾驶的改造方向，除了要添加各种光达感应和云端计算的生产链外，也会拔除现行的方向盘生产链和出租车的整条产业链。

创造性破坏在给生产结构添加新的产业链时，也会破坏一些现有的产业链。虽然这些改变有时是跳跃式出现的，但不会给市场带来骤然与过大的冲击，因为生产结构的每个生产阶段都是一个市场，也都有许多企业家在看护。不论创造性破坏从哪一生产阶段出现，只要不寻常的信号出现，就会引起各生产阶段企业家的关注，而他们也会试图在其关注的生产阶段上加以调整。换言之，只要冲击不是来自突发的政策要求，生产结构和其下游的产业链都会以持续的微调方式去适应冲击。

本课结论

这一课主要讲的是市场生产结构的形成，以及企业家守护市场的过程。当市场对财货的需求大幅提升时，迂回生产就会出现，生产便会走向行业分工，并衍生不同生产阶段的独立市场。在企业家的竞争与守护下，各市场得以稳定和成长。虽然创造性破坏偶尔会出现，但各生产阶段的企业家的努力能大大降低这些冲击，让市场在调适中逐渐转换。

拓展延伸

生产结构的分析

这一课分析了市场经济中非常重要的概念，即"生产结构"。由于正义已详细介绍，此处仅简述一些分析结论。

（1）在迂回生产下，当第$n+1$级生产阶段出现后，原有第n级的生产设备显得相对老旧，必须进行大规模的调整，譬如移除旧有从第1级到第n级生产阶段的整条生产链，购入全新的生产链。但经过企业家在各阶段的努力，其中的冲击会降至最低，从而缓慢完成市场的转换。比如，当USB当作音乐存储器而被引进汽车音响后，原有生产汽车CD音响的整条产业链便在这个过程中被废除了。

（2）当某种原材料出现资源可能耗尽的信号时，生产结构中利用到该资源生产阶段的投入价格会上涨，于是经营该生产阶段的企业家会开始寻找和采用其替代品，而邻近生产阶段的生产链也会随之调整设备或程序。由于企业家的警觉性，经济史上未出现过资源耗尽的真实危机。过去50年来一再被炒作的石油耗尽危机就是最好的例子。

（3）当科学家发现某一生产阶段潜藏着环保问题时，譬如30年前开始禁用作为冷媒的氟化物，各生产阶段的企业家就会开始寻找和采用替代品，其效果与资源耗尽的威胁类似。

（4）只要参与市场竞争，生产过程必然要接受公开检验。由于生产阶段在生产链是上下关联的，各阶段的生产信息也隐瞒不了上下游。故在开放市场下，生产作业中的弊端很难被隐瞒，除非政治力量介入。

（5）既然生产作业中的弊端不易被隐瞒，那么生产过程中的改良技术也同样不易被隐瞒。这些技术在相邻生产链中扩散后很容易形成报酬递增。

第八课

企业家的能力

第八课　企业家的能力

一、知识点

企业家的能力、精致商品、创新、市场发展。

二、特色

以老姜酸汤鱼旗舰店的业绩停滞引出企业家的创新能力。

三、课程逻辑

1. 收入的连续增长改变了消费者的偏好，危及现有企业的利润。

2. 企业为求生存，必须创新。

3. 创新可以重组现有生产结构中的财货与服务，开发精致商品。

4. 年轻的企业家会想跳出利润微薄的红海市场，但打造未来商品仍需理解现在的生产结构。

5. 精致商品与未来商品构成市场的动态发展。

何去何从

光阴荏苒,一晃就是五年。岁末静思,老姜认为省城酸汤鱼旗舰店的业绩已大不如前。师傅仍在,领班仍旧,菜色也没退步,为何业绩会停滞不前?他想不出原因,难道是大家都老了,失去了雄心壮志吗?

其实,老姜在刚开店那些年,正逢国内经济快速增长。若以10%的全国年均经济增长率来说,省城的经济增长率可能还会再高出一半,也就是15%。以经济学的72法则估算,省城居民的人均收入大约五年就会增长一倍,十年增长四倍。自老姜开业以来,人均收入增长了三倍。想想,人均收入增长三倍,生活方

第八课　企业家的能力

式会起什么变化呢？吃穿问题应该都解决了，但人们都会想追求精致的生活。

什么是"精致的生活"？这是对生活相当主观且难有一致的评价。逻辑上，人们的行为既然存在某种趋势，那么也就存在可以概括这一趋势的行为模式。譬如，个人的行为模式就可以概括为有目的的行动和追求更丰富的人生。对于收入增加后的行为模式，老姜从顾客那里体会到的是：他们觉得终南山特色的酸汤鱼只是家常菜。他的旗舰店已不再是省城居民期待的聚会场所。

是的，收入增长三倍会改变居民的选择。有人说企业家是警觉的，至少对利润的逐月下滑是心惊肉跳的。那么，老姜该何去何从？

精致商品

除非是遭到创造性破坏而被移除的生产链，否则没有产业会是夕阳产业。人们不是不想吃酸汤鱼，而是（随着收入提升）想吃得精致一点。这一事实，我们都懂。

我们来看看《米其林指南》怎么定义"精致的餐厅"？它对"一星餐厅"到"三星餐厅"的评定标准，分别是"拥有高质量的料理，值得一试""料理杰出，就算要绕路才能到也值得""餐点卓越，为了它来趟旅行也心甘情愿"。这里，"高质量""杰出""卓越"都是很不明确的主观定义，但其后的"行动定义"就是很值得学习。它采纳的是经济学中"愿付价格"的概念："值得一试"，指消费者愿意多花点钱去品尝这家餐厅的餐点；"值得绕路"，指消费者在金钱之外还愿意花些时间去品尝这家餐厅的餐点；"为了它来趟

第八课　企业家的能力

旅行",指消费者愿意动用他的金钱和时间特地为此餐厅来趟美食之旅。以酸汤鱼为例,假设消费者愿意为老姜的酸汤鱼支付的价格为100元,那么他愿意为从一星餐厅到三星餐厅的酸汤鱼支付的价格会是200元、300元、500元(如果把时间也折算成金钱的话)。

为什么对于同样的"酸汤鱼",消费者愿意支付更多的金钱与时间呢?根据一些美食家的评述,这些餐厅提供的不只是酸汤鱼,而是结合了其他服务的精致商品,让"料理更偏向艺术品"或"消费者用餐时体验欢愉"。说白了,这就是古诗中的那句"葡萄美酒夜光杯,欲饮琵琶马上催"。当我们不再贫穷时,请不要再把葡萄美酒倒在瓷碗中,一定要准备好半透光的夜光杯,且让酒意飘浮在千年的琵琶声中。别忘了,既然人均收入增长了三倍,那么消费者去享受那一餐200元或300元的酸汤鱼宴并不为过,当然偶尔也可以去品尝500元甚至价格更高的美味佳肴。

老姜突然有所领悟。之前,他为了提高渔获量,利用养殖技术,生产更高级的财货,将生产链朝向上游推进一级。这种迂回生产模式提高了成鱼的生产量(也提升了鱼肉质量),但他店里的最终消费品依旧是酸汤鱼。他知道必须有所改变,计划把酸汤鱼从第零

第八课　企业家的能力

级财货提升到第一级财货，并将其他的第一级财货（更好的餐盘、挑选的白酒、专属的甜点）作为投入，以生产新的第零级财货，即称为"酸汤鱼宴"的精致商品。他相信以前的顾客会逐渐回流。

其实，这就是传统邮轮旅游的套餐概念，或是安排在法国古堡品尝高级波尔多红酒和米其林餐的精致度假。企业家利用技术以迂回生产开发更高级的财货。他也可以利用服务的重组，开发更丰富的精致消费品。简单地说，任何财货的生产结构不只能往上游延伸，也同样可以往下游拓展。

往下游拓展的优势有时更胜于往上游延伸。往上游延伸的优势通常表现在低价格与高质量（或结合二者的高性价比）上。但在个人收入增加之后，即使财货的性价比没有提高，消费者依旧有能力消费更多的财货或质量更高的财货。然而，消费更多同质财货（即使质量更高）的边际效用下降很快，因此个人因生产链往上游延伸而增加的消费支出是有限的。大部分增加的收入被用去寻找更高满足的消费。商业竞争主要就发生在以异质表现的"精致商品"和以全新消费概念出现的"未来商品"上。

市场发展与创新

老姜很关注他的竞争对手,他一直认为酸汤鱼产业没什么大的变化,除了某家店也把成鱼生产链往上延伸了一级。他还发现省城最近出现了重庆烤鱼店,这就像之前出现兰州拉面一样,虽然也是异质商品的竞争,但仍是静态竞争。省城是大城市,他早就预料会有来自各地特色菜的竞争。他没想到的是,收入的连续增加改变了消费者的偏好,带给他未来的不确定性。

未来本来就充满着不确定性。老姜面对过一波又一波的市场竞争。若市场没有竞争，那么一切便仿如昨日，也就不存在时间和未来。企业家是爱冒险的人，不会害怕竞争，但也期待拥有超越不确定性的能力，能明确地判断出市场发展的方向。

兰州拉面和重庆烤鱼都不能算市场发展，虽然对消费者来说，选择多元了，满足也提升了，但偏好并没发生根本的变化。只有在收入连续倍增后，偏好才会发生根本的变化。那时，他们不仅要精致的酸汤鱼，也会要精致的兰州拉面和重庆烤鱼。当消费者寻找到精致商品后，之前的最终消费品（和其整条生产链）也就跟着消失。这一现象不是来自生产技术的进步，而是收入连续增加的效果。

未来不是时间概念，而是收入变化的概念；收入若未连续增加，未来就尚未来到。收入的连续增加，带来了未来，也带来了不确定性。有了这一层理解，老姜就有了预期未来将至的能力，也有了准备迎接未来和超越不确定性的能力。

企业家该怎么准备呢？企业家需要准备好消费者在收入连续增长后所盼望的精致商品或未来商品。不论是消费者偏好还是生产过程的改变，都得循着市场演化的过程。也就是说，改变不会在瞬间发生或突然从天而降。市场只有经由一连串的企业家的创新和宣传，以及消费者的勇于尝试和接受，市场的消费和生产形态才会逐渐改变。因此，在市场发展的初期，不论是精致商品还是未来商品，其内容都是利用大部分现有各级财货与服务的重组。企业家只要掌握这一规律，就会懂得如何去准备。

熊彼特称企业家带来精致商品或未来商品的能力为"创新"。只有在彻底理解生产结构后，企业家才会有创新的能力。他们对生产结构的不同理解程度，也将决定他们的创新方式（是精致商品还是未来商品）。

企业家面对市场竞争的如履薄冰和戒慎恐惧，被美国经济学家柯兹纳称为"警觉"。警觉也是企业家对潜在利润机会的嗅觉能力。

中年企业家的作为

企业家在某条生产链上的某一生产阶段脚踏实地地耕耘，警觉地参与该财货市场。他对该财货市场、生产链和整个生产结构的风吹草动的关注，成为他预料市场发展的情报和有所准备的依据。由于关注需要投入时间、精力、资本和其他资源，企业家的投入分配也就各不相同。就经济学逻辑来说，投入分配受到个人对利润的预期和机会成本的影响，而对这两个变量的判断则与企业家的年龄有关。

假设企业家需要花十年时间的经营才能立足，再加上十年的利润收获期，那么事业有成且积累了足够资产的企业家的年龄大多已超过40岁。就如同老姜，当他发现酸汤鱼旗舰店的业绩大不如前时,虽然他还有企业家的精神和能力,但不太可能会卖掉旗舰店去研发未来商品。创新事业的风险太大,即使他在十年后能成功,到那时能继续收获利润的时间也不会太长。对中年的企业家来说,选择开发精致商品是较开创未来商品更佳的选择。

第八课　企业家的能力

在决定开发精致商品之前,老姜可能也看到生产链上出现新的科技,也可能立即引入这一新科技和由其衍生的新生产链,从而提高其产出财货的性价比。利用新技术的创新被称为"技术性创新"。如前所述,技术性创新面对的并不是消费者偏好的改变问题。

精致商品的开发不是依赖科技,而是重组现有的财货与服务,让原来的最终消费品往"更下游"延伸。日本的零售商店"堂吉诃德"便是一个很好的例子。一般的小型百货超市都会将商品整齐地摆在货架上,并留出一条宽长走道;但堂吉诃德在将商品分类后,零散地摆成一堆,连货架间的通道都拥挤到只能让人侧身通过。它之所以采用这种商业模式,就是为了结合"更多类型的商品"和"发现的惊奇",让一般的商品采购转变成带有寻宝乐趣的精致商品。再如,电动汽车和光伏发电也是类似的例子。不过,这两个例子都受到政策影响,严重地扭曲了企业家的创新能力。

既然精致商品都来自生产结构中的第零级或第一级的财货和服务的重组,因此,在同一时间,许多企业家可能会有类似精致商品的创新念头。于是,企业家之间就会出现新的竞争——看谁最先推出精致商品!毕竟,抢夺先机就能赢得利润。谁会胜出呢?这就取决于企业家的决策力和能动用的资本额。

年轻的企业家

20岁出头的年轻人,初生牛犊不怕虎,既没有太多的负担,还有着更长的余生。相对于中年企业家,他们的创新选择倾向于未来商品,而非技术性创新或精致商品。他们同样对现有财货失去兴趣,但不是因为业绩下滑,而是不想投入已无利润诱因的红海市场。他们不愿重组第零级或第一级的财货,而是借用更高级的财货去架构在概念上完全不同于过去的未来商品。譬如，乔布斯引入鼠标（以取代键盘输入）和马斯克推出PayPal（贝宝）的支付方式（以取代信用卡付费）都是很好的例子。

明显，未来商品属于"从0到1"的创新，而精致商品属于"从1到n"的创新。不过，很少有真正"从0到1"的创新，因为大部分的点子早已存在于科技小说中。譬如冷兵器时期侦探兵乘坐的大型风筝，甚至可以上推到古希腊神话中伊卡洛斯的蜡制翅膀。想象可以引领人类的创意，但只有在生产结构具体成形的时代，梦想和创意才可能落实。因此，相较于乔布斯的时代，马斯克可以更容易地从网络募集未来商品的开发基金。

企业家募集到的资本越多，他们能实现的梦想相对就越大。以马斯克为例，随着募集资本的快速增加，他的创新也就从单一的未来商品走向系统性的未来生活，比如从电动汽车走向无人驾驶车以及火星开发计划。

对于系统性未来生活的想象，我们得先构想一个全新的生存环境，接着模拟人类在当下的生活方式，最后从现有生产结构中的各级财货去寻找答案。这一过程类似于逆向工程，但目标不是已经存在的实体，而是一个想象的未来生活。以经济学家保罗·罗默提出的"公海上的新国家"为例。他构想在公海上，将数百艘废弃的轮船焊接成一个接近五平方千米的领地（大约是南沙群岛上太平岛的十倍大），建构出自给自足的"水世界"。因为是立体船舱，所以生活空间可以高达十平方千米。只要能源与农业得以解决，自给自足就不成问题（譬如设计小型核电厂）。该领地的最大特色是，以水面下的活动替代陆上活动，而这些活动需要的财货大多可以利用当前生产结构的各种财货去重组。

第八课　企业家的能力

人类已多次走入"未来生活",比如农耕社会、都市化、工业化、铁路网、高速公路网、手机时代和社交媒体时代。这些大时代都不是一天就形成的,也不是靠少数企业家创造的,但在发展过程的每一阶段,都有带头的企业家。不论是提出一个构想还是推出几样关键的未来商品,这些企业家也都需要以现有生产结构的财货去打造相关产品。

本课小结

这一课讨论企业家如何通过开发精致商品和开创未来商品推动市场的发展。我们从中国过去收入连续增长的事实开始,讨论消费者为何会要求精致的商品和生活。这一偏好的改变将迫使企业开发精致商品,而其方式就是重组现行生产结构下的财货与服务。

年轻的企业家可能不满足于对现行财货与服务的

重组，而试图从科幻小说中寻找灵感，企图打造能够满足人类未来生活的未来商品。在生产结构日趋成熟之际，梦想中的未来商品大多数是可以通过重组高级财货去实现的。其结果便是推动市场的动态发展。

这一课结束了我们对企业家功能的讨论。我们在前几课提到竞争、利润和企业家精神都只是对市场机制的不同视角的诠释。这一课进一步指出：在市场机制下，人们不仅随时可以见到"三位一体"的体现，也会在市场中具体观察到收入的连续增长、生产结构的不断延伸以及精致商品与未来商品的动态发展等现象。

在本书最后两课，我们将分别讨论在遭遇通货膨胀和通货紧缩时应该采取什么行动。

拓展延伸

如何实现"从0到1"的创新?

经过30多年的快速经济增长,不少企业成功弯道超车,人们难免沾沾自喜。然而,有学者感慨地说:人们擅长的进步是"从1到n",却在"从0到1"方面毫无表现。

针对这一点,硅谷企业家彼得·蒂尔以《从0到1》为书名予以详细阐述。他给的解释很简单:从1到n的进步是复制已经成功的方法,很容易想象,因为我们已经知道它的样貌,而从0到1的进步是开发新的事物,比较难想象,因为我们要做别人没有做过的事。

我们之所以忧虑,是因为从0到1的进步能获取垄断利润,而超车成功的企业只能赚取微薄的利润。企业如果无法实现从0到1的进步,那么不论在科技还是新商品上,至少都落后了竞争对手一两个世代。前方永远有着超不完的车。

蒂尔的概念应该来自熊彼特。我们对熊彼特在《经济发展理论》中提出的"创造性破坏"是比较熟悉的，而比较陌生的是他将经济社会的改变区分为两种类型：调适型社会和发展型社会。调适型社会中的大部分人依恋承袭的社会制度和生活方式，但也会为克服外来威胁而被动改变；在发展型社会中，则有少数不愿接受传统与现实的行动人，他们自发地去追求社会制度和生活方式的改变。

熊彼特认为，市场机制下的利润和竞争机制，可以让少数的行动人成为驱动社会发展的企业家。他似乎认为行动人追逐利润的野心是天生的，但只有少数人才拥有这种特质。而米塞斯认为每个人都拥有这种特质。

蒂尔则较接近米塞斯，或许他在硅谷看多了创业成功的"上班族"。他除了接受熊彼特强调的市场机制的必要条件外，认为有三点是每个人都可以自我训练的原则，这可以让人摆脱从 1 到 n 的传统思考习性，从而逐渐将从 0 到 1 的思考习性内化。

第八课　企业家的能力

这三点原则分别是:（1）请好好想想,自己有什么是跟其他人的想法不同但又是自己觉得很重要的事?（2）请好好想想,哪些有价值的公司还没有创立?（3）当迷惑于短期利润时,请好好想想,这项事业十年后还存在吗?蒂尔以自己和马斯克共同创立PayPal为例,指出当时的想法只是"我们想创造新的网络货币来取代美元"。

梦想要落实,有赖于成熟的生产结构和企业家对于生产结构的熟悉。PayPal之所以能成功,不仅与当时硅谷蓬勃发展的网络产业有关,还与硅谷自由开放的创新环境有关。一本关于马斯克的传记写道:因为去过美国旅游,马斯克在11岁的时候就想搬去美国。他觉得当时美国的环境,在那里好像每件事情都有可能成功,那是当时（1982年）南非绝对办不到的。

第九课

经济繁荣时,
步步为营

第九课　经济繁荣时，步步为营

一、知识点

经济周期、错误投资、消费品位。

二、特色

从老姜开发精致商品的投资与贷款引出对经济周期的讨论。

三、课程逻辑

1. 老姜发现贷款利率远低于他的预期，决定多贷款来买土地。

2. 老陶告诉老姜利率有升高的可能性，认为金融杠杆不宜太大，避免到时影响到原初目标。

3. 过低的利率会误导企业家与政府的投资计算，导致许多大建设沦为错误投资。

4. 在繁荣时期，企业家的投资得步步为营，并用节省下来的时间去积累生产知识与经验。

5. 在繁荣时期，企业家需要积累消费知识，从而提升个人的消费品位，并影响社会风气。

经济指标

当初,老姜看到终南山店的生意一日比一日好,认为酸汤鱼的知名度已经打开了,才到省城开旗舰店。那时,他关注的是省城的人口众多。在他发现旗舰店的生意停滞不前时,大家的人均收入已提高了三倍。人均收入的大幅提高带给他新的挑战,而不是更多的顾客。于是,他计划将酸汤鱼提高到精致商品的层次。

经过这一事件,老姜开始关注社会整体的经济变化。他一方面从生意往来的商业环境去实际感受经济的变化,另一方面参考政府公布的一些综合性经济指标，例如人均收入、失业率、利率、物价上涨率、货币供给量等。他理解自己的感受会局限于某个区域，而政府公布的指标虽较全面也较具体，却未必精确。

利　率

为了开发精致商品，老姜去银行贷款，成功地以3%的年利率借到了200万元。不过，他觉得怪怪的，因为自己经营酸汤鱼的利润率每年都有20%，相比之下，贷款利率是否太低了？他不觉自己是特别精明的商人，相信在人均收入持续上升的大环境下，一般人随便去经营企业都会有10%的利润率。还完贷款利息，他还有7%的收入——以200万元计，就是14万元。所以，他认为低利率是这几年人均收入快速增长的主要原因。

他想起自己把这几年赚的钱都存入银行，只有

1%的存款利率，就决定将钱全部提出来，用一半的钱去扩大成鱼养殖场的规模，用另一半的钱去购买省城的土地。他相信土地的价值会随着收入继续增加，而且还可以作为省城第二家分店的预备用地。由于利率很低，他并不急着开发新买的土地。

老姜在想，为何存款利率只有1%？其原因可能是商家都把赚到的钱存到银行，银行的存款增加了，存款利率也就低了。但目前的经商环境不错，任意投资都可以赚钱，应该会有很多人想向银行借钱去经营企业。若这样，贷款需求就会增加，贷款利率就不会低到3%。所以，银行的存款供给除了来自商家赚到的钱外，应该还有其他的来源。他认为有两种可能的来源：一是商家在国际贸易中赚到不少外汇，然后换成本国货币并存入银行；二是政府要鼓励国内投资，以政策压低利率。老姜思考到这里就没继续追究下去。他更关心的是找到一块有价值的土地。

第九课　经济繁荣时，步步为营

在寻找土地的过程中，老姜看到省城这几年出现的繁荣景象。省城有了八线道的环城高速公路，也建了好几条地铁。几座高耸的摩天大楼勾勒出漂亮的城市天际线，大楼旁绿草如茵。他来到郊区，看到的也是高楼盘聚的小区，稍远一点的是漂亮的别墅区。这些壮丽的公共建设和私人建筑，激起了他潜伏的野心。他想："我应该找块面积大的土地，如果自备的钱不够，就向银行借，反正利率很低。"

经济波动

老姜想起老陶在省城工作过，就打电话询问他的意见。老陶赞美他事业有成，但也问了他有没有想过利率也会有提高的可能性。（老陶在省城工作多年，经历过几次的经济周期，利率也曾大幅上下波动。）

老陶的这一问惊醒了老姜。若利率提高，整体经济的投资就会减少，人们的工作机会和薪资都可能跟着减少。那么，他新投资的精致商品可能面临失败，而旗舰店的生意也可能变差。但如果银行的贷款利息提高了，那时的收入会不会不够还利息？是不是就得卖掉土地？在高利率时，土地需求不多，卖不出好价钱。若土地能卖出去，那么他还只是亏损；若土地卖不出去，他就会破产。他深深地吸了口气，决定不去冒这个风险。

老姜心里明白，这不能说他欠缺企业家精神。企业家冒风险有两项前提。首先，他得具有足够的知识和经验，对经济波动有强烈的嗅觉。但他对目前的低利率并不理解，觉得并不是市场决定出来的水平，无法预测市场走向。其次，企业家的冒风险虽是主观行动，仍要有足够的计划去面对各种风险，而不是以侥幸心态去踩红线，以为自己能继续有运气好时的利润。

老陶建议：精致商品的开发不能放弃，因为那

第九课　经济繁荣时，步步为营

是他有能力去推动的目标，但"金融杠杆不要太大"，若不巧遭遇风险，得有余力和资本去思考如何完成当初的目标。老姜接受了好友的建议，在离旗舰店不远的新开发区买了一块地，只需向银行贷款20%。他相信即使利率上涨到10%，他依旧有能力偿还贷款。

金融杠杆

回程途中，老姜望着迎面而来的壮丽天际线，不禁忧虑了起来。他想起一本谈论大城市摩天大楼的书：大多数的摩天大楼是在低利率和市场经济甚好的时期筹建的，在过于乐观的情绪下，其规划规模往往超过城市经济活动的需求上限。由于盖好一栋摩天大楼需要好几年，这期间很可能遭遇到较长或较严重的经济萧条，因而有过半的摩天大楼需重新设计或减项分包。

如果摩天大楼有这些经历，那么省城的建设呢？城市的年度税收就好比旗舰店的每年利润，城市的建设也要遵守"金融杠杆不要太大"的约束。譬如，一条进城大道是否需要建得既宽广又壮丽？若以当前3%的贷款利率、15%的经济增长率为条件来规划，政府的确有能力建出一条宽广、壮丽的进城大道。但20年后的经济是否还如此乐观呢？假设那时的利率为5%而经济增长率为3%（很正常的数字），政府是否还

第九课 经济繁荣时,步步为营

有能力维护城市的宽广和壮丽?我们还要记得,经过20年的使用,大部分的公共建设会折旧,因而需要巨额的维修费用。如果到时不巧遇到财政困窘,一些无力好好维护的公共建设就会变得老旧不堪。

回到了江畔,老姜望着缓缓东流的江水,自问道:"虽然我不明白利率为何这么低,但目前经济就是这么好,我是否太保守了?"如果"金融杠杆不要太大"是一条智慧的经验法则,他就应该要牢记和遵循。是的,他可以步步为营,但总不能错过低利率的大好机会吧!

消费品位

老姜想起企业家冒险的前提之一,是拥有足够的知识与经验,那么,何不在低利率时期给自己多积累些知识呢?但是,这和低利率有什么关系呢?每个人随时都可以从经济理论中学到一些知识，也能从前辈的经历中汲取经验，但对于企业家来说，要获得知识和经验的代价都是很昂贵的。虽然我们购买承载知识和经验的各种图书和课程都不算太昂贵，但我们要投入的时间与精力可不便宜。但在低利率环境下，由于资金周转和资金成本的计算工作相对轻松，老陶可以减少一些处理它们的时间与精力，转而投身于知识和经验的积累。

经济繁荣时期是企业家提升自己的好时机。除了和经营相关的知识和经验外，他还可以投资于个人的消费品位，也就是具体的生活品位。经济繁荣时期是企业家生产精致商品的契机，也是他能消费他人生产的精致商品的机会。消费的客观意义是花一笔钱去购买商品，而其主观意义是利用这种商品来提升个人效用的内容。譬如，老姜买了张票走入电影院后，既可以舒舒服服地欣赏完一场电影，也可以感受导演和演

第九课 经济繁荣时,步步为营

员通过情节、结构和表达方式传达的人生信念。对老姜来说,舒舒服服地欣赏电影并不需要太多知识,但要获得电影传达的信念就需要不少关于电影表达和电影科技方面的知识。不懂音乐家的生平和音律的表达等知识是听不懂交响乐的。消费品位是个人将商品"再生产"出来的个人效用,而个人知识就是再生产的主要投入。

相对于制造业商品，个人从消费服务商品所获得的消费品位有更多的层次。投入的个人知识越多，个人消费相同商品所获得的消费品位就越高。精致商品的关键之处是消费品位，因此企业家会更期待消费者能投入更多的消费知识。

消费知识和生产知识的获取同样需要投入时间和精神。如果个人投入的时间少，消费知识就贫乏。就服务商品来说，偏向心灵的精致商品需要较多的消费知识，而偏向肉欲的精致商品通常只需要人的生理本能。于是，经济发展过程中便常出现这样的现象：色情行业常伴随人均收入的快速增长而泛滥。这是因为消费知识需要时间去积累。当人均收入的增长速率超过知识的累积速率，消费支出势必超过消费品位所需的预算，人们就会将预算花费在不需要太多消费知识的商品上。如果这种情况发生在不重视消费知识的人群身上，他们的消费选择就是色情商品。

第九课 经济繁荣时,步步为营

想到这里,老姜多么期待企业家可以在开发精致商品外,也能提高个人的消费品位。虽然消费品位纯属个人的事,但街头闪烁的霓虹灯反映的是社会风气。企业家毕竟是社会进步的推动者,若行有余力,尤其在经济繁荣时期,不必只局限自己在生产方面的社会贡献,也可以通过实际行动去改善社会风气。

本课小结

这一课讨论企业家在经济繁荣时期的作为。经济繁荣时,人均收入也常增长,这是企业家拓展商业的好时机。繁荣带来竞争,迫使企业家开发精致商品。企业家若无法完全以自有资本投资,就得控制好金融杠杆。然而,企业家可能在野心的驱使下,过度玩弄金融杠杆,导致企业在经济转坏时面临巨大的资金压力。为了追求快速经济增长,政府也偏爱低利率政策。因此，企业家在低利率时期更应谨慎，别因贷款成本过低而走入错误投资。

然而，步步为营并非企业家在经济繁荣时期的唯一稳健做法。企业家的冒险是建立在知识和经验的基础上的，而低利率下的经济繁荣正给企业家提供了积累知识的好机会。除了积累生产所需的知识外，企业家也可以累积消费知识，提升个人的消费品位，从而影响社会风气。

拓展延伸

经济波动

当整体经济产出呈现先涨后跌的现象时，我们称之为"经济波动"。有人称重复发生的经济波动为"经济周期"。这个词容易让人误以为重复的经济波动是自然现象。但经济事务都是人的行动的结果，而非自然现象。

第九课　经济繁荣时，步步为营

就波动的变化阶段而言，顾名思义可分为复苏、繁荣、衰退和萧条四个时期，更明确的说法是：从萧条的谷底复苏，处于繁荣的高峰，从高峰衰退而陷入萧条。

在一个不受干预的经济社会，产出能从萧条的谷底复苏的最基本原因就是，市场出现了创新的商品（或生产技术、交易方式），并激起了消费者的消费欲望。凯恩斯学派则有不同的看法，认为政府既可以利用低利率政策去诱导企业家投资，也可以利用大量的公共支出引导企业扩大生产。

如果复苏是来自新商品的创新，那么在专利权制度下，只有创新的厂商和代工厂会增加投资。于是，只有与创新相关的生产要素的价格和就业人员的工资会上涨。当他们增加消费支出时，消费品和耐用品的需求和价格都会提升。这时便进入繁荣期，消费品和耐用品的生产者和从业人员也就成为第二波受益者。

当新商品不再具有新鲜感时，繁荣趋势也就停止了，经济增长率便开始下降。不过，衰退的只是经济增长率而不是产出；相反，产出处于最高峰。只要经济增长率不为负值，产出就不会下跌。事实上，来自新商品的创新不会形成蜂群效应，因为其他企业不易跟随投资，所以产业危机不会在繁荣停止时出现。经济增长不会转为负数，最多只是零增长。

如果复苏的原因是低利率政策的影响，那么由于厂商无法分辨低利率的成因，低利率大多会被视为降低投资成本的机会。于是，许多在高利率下无利可图的投资方案也就复活了。市场上便会出现许多原本不会投资和不该投资的新投资，这些被称为"错误投资"（或"恶性投资"）。这些投资的靠山是政府，而不是市场。但只要低利率政策继续存在，这些投资就继续有利可图。

低利率政策既能刺激投资，也会推动物价上涨。繁荣时期的全面性物价上涨带给人们通货膨胀的预期。人们开始购买房地产、黄金和矿产的概念股，并减少在借贷市场

第九课　经济繁荣时，步步为营

和银行的资金供给。另外，生产要素的价格上升迫使企业需要更多的资金，银行只好提高利率。

若低利率政策突然喊停，那么企业势必要转盈为亏，让盖到一半的房子变成烂尾楼。同样，政府盖好的公共建设也会成为"蚊子馆"。当银行提高利率后，厂商利润势必下降。这两项都是经济逆转的警钟。

一旦经济发生逆转，人们对消费品和服务商品的需求就会减少，这也会影响到对中间品（第一级财货）的需求。接着，厂商会减少对劳动力的需求，导致失业增加、工资下降，从而引发新一波的消费减少。消费的再下降，使得厂商亏损更加严重，破产率和失业率继续攀升。

当然，只要政府继续支持低利率政策，这些经济危机就不会立即发生。但是，政府对利率政策能支撑多久？政府迟早也会看到：在低利率政策下，社会资源不断地被投向错误投资。等到他们无法再否认错误投资的存在和持续累积时，政策就会提升利率。

第十课

企业家如何面对萧条

第十课 企业家如何面对萧条

一、知识点

宽松政策、自然利率、回归市场机制。

二、特色

从老姜顾客的破产开始,探讨萧条的出现和伤害,并寻求企业家的应对之道。

三、课程逻辑

1. 老姜感觉到风雨欲来,上网了解当前经济情势。

2. 美国因宽松政策失效,将经济调控权交还市场,利率旋即上升,导致企业破产和员工失业。

3. 个别企业因经营不善而破产,但受干预而扭曲的利率会普遍地引导企业做出错误投资。

4. 长期的产业政策也会带来类似的不良影响。

5. 老姜在理解政策干预的后果后,提出企业家的四条应对萧条之道。

政策困境

一晃又是五年。这段时期,利率极低,中央和地方政府推动了许多大型建设,以确保经济的繁荣和增长。老姜的投资步步为营,虽没赚到暴利,但也顺利地在省城开了第二家分店,专以精致商品为诉求。自开店以来,每天顾客盈门。然而,自上一年年底,新店的生意开始平淡下来,不少主顾因企业倒闭而消失。同时,老店的员工流动率降低了,倒是来应聘的人增加了。他感觉到山雨欲来前的寒意。

老姜在网络上看了相关的经济评论,知道美国受通货膨胀之苦,从上一年年底开始大幅提高利率,导

第十课　企业家如何面对萧条

致许多企业因周转不灵而倒闭。许多人因而失业。剧升的利率推高了房贷利息，不少失业工人无法按期缴纳房贷而失去住宅。上一课提到，政府只要继续推动宽松政策，不管是不是发行新货币，只要将利率压低下来，企业就不至于周转不灵，工人也不会失业。老姜纳闷地自问：美国政府为什么要眼睁睁地看着企业和工人相继破产？

政府的宽松政策包括两部分：一是货币政策，就是增加货币发行（比如印新钞票）和维持低利率；二是财政政策，就是扩大政府支出和降低税率。（后来出现量化宽松政策，可视为增加货币发行的一种。）美国当时的情况是这样的：利率接近于零，物价上涨率接近10%，政府的还债利息吃掉过多的预算支出，财富分配不均问题相当严重。换言之，美国政府面临无政策可用的困境：利率无法再压低，再增加货币发行会继续抬高物价，扩大政府支出势必恶化政府债务和还债支出，降低税率只会让富人更有钱。于是，美国政府不得不把经济调控权还给市场。

自然利率

市场没有调控经济的手段，只有调整过程，因为市场的种种现象都是众多企业家和消费者互动的结果。譬如未受干预的利率，即"自然利率"，便生成于企业投资与民间储蓄的互动关系。企业家根据自然利率判断投资和贷款金额，消费者根据自然利率配置消费与储蓄。企业家信任自然利率，因为自然利率反映了整个经济的借贷交易，不容易（像个别产业那般）被特定企业集团操控。

所以，在政策干预之前，消费者的时间偏好和企业家为预付生产因素报酬的资金调度，决定了自然利率。自然利率引导了生产资源（包括资金）在各产业及产业结构内最终消费品和资本品的生产配置。在这个配置结构下，资本品数量刚好足够（也能及时）供应各产业在未来各期生产最终消费品，而最终消费品的数量也刚好符合未来各期的市场需求。这种和谐被称为"自然利率下的配置秩序"。

集体犯错

不过，政府常以宏观手段去干预利率（譬如要求银行降低利率或放宽贷款限制），导致企业家看到的市场利率是受干预后的利率，而非自然利率。于是，政府的干预，一方面影响到企业家的投资判断和消费者的储蓄决定，另一方面控制了个别企业家和不同产业可以贷到的资金。于是，生产资源在不同产业和生产结构的配置也就不同于自然利率下的配置。自然利率下的配置秩序也就被扭曲了。扭曲是一个累积的过程，干预时间越久，扭曲也就越严重。

就老姜所在的省城来说，在人均收入持续增长的前几年，不少工薪阶层看好未来经济远景，加上低利率的诱惑，便以七成贷款方式购买了第二套房子，期待在未来转手时可以赚上一笔。他们视第二套房子为资本品（未来消费），而非最终消费品（现在消费）。当整个经济的生产资源和资金过多地被用于生产资本品，生产最终消费品的生产资源和资金就会大幅减少，结果最终消费品的价格上涨和其相关企业就会面临资金短缺。这都会带来利率上升的压力。不过，政府只要继续发行货币，足够供应企业需要的资金，就能化解利率上升的压力。如果经济没有太大波动，那么在短期内，一切都还是很美好的。

自从关注经济学后，老姜已能读懂经济情势。他知道中国经济和欧美经济现在都不景气，但欧美是大幅提高利率所导致，而中国的利率并未攀升。若从世

第十课　企业家如何面对萧条

界经济整体来看，中国受到欧美经济衰退之累，也就是受到国际各国高利率的连累。

欧美的工薪阶层面对剧增的贷款利息，即使没失业，他们的生活支出也严重受到影响。在低利率下，企业家会通过贷款扩大现有的生产规模，也会投资更高阶的上游产业。若不幸遭逢利率剧升，他们即使经营无误，也会因资金周转不灵而破产。

企业的破产案例可分为两类：一类纯粹是业务经营亏损，另一类则是经营无误但资金周转不灵。第一类和个别企业家的经营能力有关，是管理学讨论的个案，因为也有许多经营成功的个案。在失败个案与成功个案影响的两相抵消下，这一类的破产现象并不会让整体经济陷入萧条。至于第二类，如果资金周转不灵的原因来自企业家投资时受到低利率的诱惑（而投资后却遇上利率剧升），那么这类破产现象会普遍存在，而非仅是个案，因为利率是所有企业家投资判断的主要经济变量。一旦利率受到政策扭曲,几乎所有企业家的投资都会受到伤害。所以,只有在企业普遍面临资金周转不灵的情况下,经济才会陷入萧条。

第十课　企业家如何面对萧条

企业家的应对之道

老姜深思道：欧美的错误投资是受低利率的诱惑，解铃还须系铃人，美国最终还是将经济调控权还给市场。老姜期待政府也能让经济运作回归市场。此外，他还草拟了几条企业家应对萧条的规则。

第一，萧条必然会伴随通货膨胀而至，只是时间难测。因此，企业家必须在通货膨胀之初避开低利率的诱惑，切勿进行高杠杆的贷款投资。物价上涨的原因有很多，大部分原因是短暂的（如风灾或暴动），唯有低利率（或宽松货币）政策造成的通货膨胀才会持久。因此，若物价上涨和某些社会或经济的动荡同时发生，那么它和低利率政策基本上是无关的。如果在物价上涨期间并未发生社会或经济的动荡，这就可能是低利率政策的结果。在低利率政策期间，我们也会听到政府官员要促进经济发展的相关发言。若见到这些迹象,企业家就必须避开低利率的诱惑,尽量以自有资金进行投资。

第二,企业家如果在低利率时期已经贷款过多,那么要如何避免遭受利率剧升的伤害?简单的答案就是,尽快出清已生产的商品和已投资的资本品。若能顺利换回货币,企业家就可根据经济扭曲的情况预估市场自我矫正下的回归路径,以企业家精神去发现潜在的利润机会,重新布局。当然,这都是企业家的看家本领。

第三,企业家还能做什么?上一课提到,企业家可以在低利率时期累积消费知识,通过消费精致商品和以身作则去提升社会的消费品位。在经济衰退时期,躲过危机的企业家可以帮助失业者和破产者。当宽松政策失效时,政府的救助工具就只剩社会政策。不幸地,税收短缺又会限制社会政策的作为。企业家这时若能向失业者和破产者伸出援手,就多少能改变

第十课 企业家如何面对萧条

人们长期仰赖政府介入的心态。这和繁荣时期类似，企业家也是可以改善社会风气的。

本课小结

这一课讨论萧条的形成和企业家的应对之道。本课的内容承接上一课，因为宽松的政策（不论是直接的政策性低利率，还是发行货币导致的低利率）能制造一时的繁荣景象，但都会导致萧条。伴随萧条而来的就是资金短缺和高利率，这些都可能让企业破产和员工失业。

政策性的低利率会破坏自然利率，令企业家无法对投资计划做出正确判断。因此，企业家在面对低利率时必须谨慎判读，远离政策造成的低利率。如果投资后才有所警觉，企业家就应该趁早脱手。

拓展延伸

人们为何害怕萧条？

通货膨胀就是货币的价值越来越低，而萧条下的货币价值会越来越高。那么，人们为何害怕萧条甚于通货膨胀？通货膨胀下的受害者是那些把货币借出去的人，因为他们借出价值高的货币，却收回等量价值低的货币。相对地，萧条的受害者是欠他人钱的人。

在通货膨胀下，如果消费者是固定收入者，那么他们会感受到生活成本越来越高，苦恼着存放在银行的钱越来越不值钱。若他们为了购屋向银行贷了不少钱，那么只要利率不变，他们每期要偿还的钱就是固定的，还不至于有新的负担。如果贷款利率上升，他们的生活就会越来越困难。如果他们的储蓄方式是购买股票，那么情况或许会好一些，因为股票的分红和增值通常会超过物价上涨的幅度。如果他们的薪资相应地提高，那么通货膨胀基本伤害不了

第十课　企业家如何面对萧条

他们。

在萧条下，一切都会反过来。虽然股票的分红和增值在减少，但生活成本越来越低，存放在银行的钱也越来越有价值。在摊还固定的购屋贷款和利息后，他们可用的余额并没有减少。因此，萧条对固定收入者是有利而无害的。

那么，为什么人们更害怕萧条？唯一的解释就是，工薪阶层在萧条时可能会失业，而那时的利率也会提升。相对地，他们在通货膨胀下的最坏状态只是生活成本高一些。至于企业家，他们作为消费者的感受与一般的消费者相同。不过，他们不属于固定收入的群体。在通货膨胀期间，他们的薪资通常会提高，他们还有可观的利润分红。在萧条期间，他们破产的可能大过消费者。所以，他们更忧虑萧条的发生。总的说来，人们视萧条为恶虎，甚至想以通货膨胀取代它。

然而，这样的态度和认知是对经济理论的不理解，因为除了偶发事件外，通货膨胀是低利率政策衍生的。只要选择了低利率政策下的通货膨胀，我们就必须接受萧条的来临。不过，我们可以不选择低利率政策，也就不会遭遇萧条。

政府在萧条时期可以做些什么？

正文提到宽松政策的失效，只剩下预算缩减的社会政策。这时，政府能做些什么？

社会政策可简单地分为社会救济和社会福利。在经济衰退且预算减少的情况下，政府必须全面停止社会福利支出，全力关照社会救济。有些经济学家反对失业补助。的确，经济繁荣时的失业补助可算社会福利。但在经济衰退时，失业者不容易在短期找到工作，这时的失业补助可以视为社会救济。

宽松政策失效的事实，足以说明政府难以通过政策促进经济发展，反而会伤害经济的正常运作。因此，人们不如趁此机会抛弃这些心态。但这不是要全面中止货币政策

第十课 企业家如何面对萧条

和财政政策。正常的政府运作还是需要的。

一般而言，货币政策和中央银行密切相关。许多自由主义者认定中央银行是干扰货币经济正常运作的祸首，主张裁撤。在这里，我只要求中央银行至少抛弃"促进经济发展"的错误任务。

促进经济发展（以推动产业政策为甚）是政府干预经济的两大借口之一。另一个借口是所谓的"市场失灵"。因此，财政政策必须避免对产业的任何干预，至多就是提供基本的公共品。

诚如老姜的发现，目前利率并未剧升。衰退乃是产业政策长期扭曲生产资源的配置的后果。这导致企业家在面对欧美衰退的冲击时，无法有效调整生产资源配置。他认为，政府可以将经济的调整权还给市场机制。至于原来用在产业发展的预算，可以并入教育预算，以培育更加独立和具有创造力的下一代。

停止产业发展后的起点是已被扭曲的经济结构。如同利率不会立即回归到自然利率，经济结构的回归也需要一段恢复期。恢复期的财政工作主要是清除干预时期所产生的错误投资（大多已沦为废弃物），包括已沦为"蚊子馆"的公共设施、破损的道路、杂草丛生的公共区域等。这些废弃物不仅破坏景观，还占用不少的土地资源。如果可能，政府在清除这些废弃物时，可以结合社会政策，训练失业的工人去执行。

结　语
明天会更好

　　寒冬即将过去，仍在终南山的老陶告诉自己必须尽早播下蔬菜种子。种子撒在菜园里，由于土地具有自然肥力，即使不去照顾，三个月后也会长出青菜。如果觉得等三个月太久，他可以先松土、施肥再播种，青菜也能在两个月内长出来。

　　自然界有它的法则和秩序，人们也常以人为方式去微调。譬如久旱不下雨，人们就会趁着厚云飘来时，向天空发射一些干冰，让雨飘下来。松土、施肥也是为了微调青菜的生长期间。适度微调自然秩序，可以让明天的生活更美好。

　　微调也是一种生产，而广义的生产可定义为：人为地将自然资源（或中间品）加以转换的过程。微调的主体是人。在商业社会，计划和推动生产的主体是企业家。简单地说，企业家的工作就是：推出创新的商品，调动所需的生产资源，发挥生产要素的潜在生产力。

企业家要调动的生产资源包括原材料（铜块、能源、水、木材等）、生产要素（土地、资本、劳工）、技术与商标。在商业社会，这些生产资源都属于财产所有者。企业家的调动方式是：生产资源必须买断，因为无法在生产之后归还给原所有者；一次性使用权的技术与商标需按次买断；生产要素只能租赁或雇用，因为投入生产的是附着在生产要素上的生产力，比如土地肥力、机械力、劳动力，而非生产要素自身。

至于企业家"推出、调动、发挥"的行动，总称"企业家精神"，这是本书论述的核心。企业家精神也

结　语　明天会更好

是附着在企业家本人身上而等待释出的一种生产力。由于企业家是创新商品的内容和决定新商品推出时间的主体，因而无法与商品脱离。也就是说，企业家是不存在市场交易的生产要素，企业家只有"自己租给自己"才能释放出企业家精神。

我们在本书中讨论过，企业家需要具备生产与消费知识，还需要选择目标、计划与行动。此外，企业家也受到时间与精力的限制。然而，从目标的选择到行动的计划都涉及企业家的偏好，但本书讨论较多的是创新商品内容和生产方式方面的偏好，因而只简略地（在利率中）提到消费者的时间偏好。

消费者偏好当前的消费，企业家也期待他的创新商品能早日推出（这里不是指商机上的抢夺先机），正如小说家盼望能尽早把自己的构想写成书。时间偏好呈现在不耐烦的等待中。有时候，等待是无可奈何下的给定条件，比如等待旭日东升。但在大多数情况下，等待也是一种选择。若是选择，要想让企业家延迟推出创新商品，我们就必须补偿企业家在时间偏好上的损失。这一点，我们在迂回生产中提到（迂回生产虽然减少当前的产出，却能增加未来的产出）。

时间偏好因人而异，所以独资企业的企业家可以自己选择新商品的上市日期（或利润实现的日期），但合伙企业就必须经过协调和一致同意利润实现的日期。由于劳工不是合伙者，因而企业家必须按期支付他们薪资，而不是要求他们必须等到利润实现时才能领到薪水（就此而言，劳工参与董事会是不合理的规定）。对于其他的生产要素也一样，企业家必须以预付报酬的方式排除它们的所有者对利润实现日期的不同意见。利润实现日期和新商品内容的选择都定义在企业家身上。

虽然利润实现日期是企业家的选择，但要实现更大利润的回报，企业家就必须考虑未来的市场发展。

结　语　明天会更好

企业家在期待推迟商品上市可以有较大回报时，自然需要采纳迂回生产。迂回生产不仅需要将当前技术保留到明天（未来），还要将今天原来要用于生产的资源与时间通过投资和研发，去累积资本与创新技术，让明天有创新的技术和更多的资本可用。

新商品的未来市场也需要需求面上的支撑。新商品如果在明天要有较多的利润，就需要消费者在明天有较多的支出，而这需要消费者在明天能有更多的消费预算。我们相信企业家的创新有能力在明天给劳工加薪，否则就只能希望消费者节省今日的支出。

只要旭日会东升，明天就是真实的存在，但"明天会更好"会不会只是梦幻泡影？我们相信明天会更好，是出于自信，是相信自己会以行动去实现。

对每个人来说，未来是一连串经过计算和选择的实现。我们在今天投资，期待未来的收获，希望所有可能影响生产过程与交易的经济变量不要有太大波动。我们希望，投资的钱不会贬值，合作伙伴依然快乐地和我共事，签订的契约仍然有效，以及新技术能继续出现。

这并不是说经济变量不要变动，而是希望它们的变动不要超出我们的预期。在市场机制下，企业家对这些变动都有基本的预测能力，因为他们随时都在警觉产业结构与市场的变化。消费者也是有计划的，会谨慎地珍惜每一次就业机会，同时通过储蓄和理财把货币的购买力移到明天，期待着明天。

我们的生活与生命是跨时间的存在。不同时间的生产与消费，可以通过资本、技术和货币的时间延续性联结起来。只要市场能继续运作，只要能在投资时对价格的变动有所警觉，我们就能调配自己拥有的资源、能力与时间，从而打造美好的生活。

明天会更好，这里有我们的自信，也有我们对市场运作的信任，以及我们对自己选择与行动的责任。